U0885390

《企业会计准则第21号——租赁》应用指南 2019

财政部会计司编写组　编著

中国财经出版传媒集团
中国财政经济出版社

图书在版编目（CIP）数据

《企业会计准则第21号——租赁》应用指南．2019/财政部会计司编写组编著．—北京：中国财政经济出版社，2019.7

ISBN 978－7－5095－9106－2

Ⅰ.①企… Ⅱ.①财… Ⅲ.①企业－会计准则－中国－指南 Ⅳ.①F279.23－62

中国版本图书馆CIP数据核字（2019）第141876号

责任编辑：黎子民　　责任校对：黄亚青

封面设计：王　颖

中国财政经济出版社 出版

URL：http：//www.cfeac.com

E－mail：cfeac@cfemg.cn
（版权所有　翻印必究）
社址：北京市海淀区阜成路甲28号　邮政编码：100142

营销中心电话：010－88191522

天猫网店：中国财政经济出版社旗舰店

http：//zgczjjcbs.tmall.com

北京时捷印刷有限公司印刷　各地新华书店经销

787×1092毫米　16开　9印张　110 000字

2019年7月第1版　2021年6月北京第5次印刷

定价：28.00元

ISBN 978－7－5095－9106－2

（图书出现印装问题，本社负责调换）

本社质量投诉电话：010－88190744

打击盗版举报热线：010－88191661、QQ：2242791300

目录

一、总体要求

《企业会计准则第21号——租赁（修订）》（以下简称“本准则”）规范了租赁的确认、计量和相关信息的列报。本准则明确了租赁的定义和识别标准，并分别承租人和出租人对租赁业务的会计处理进行了规定。

租赁，是指在一定期间内，出租人将资产的使用权让与承租人以获取对价的合同。与原准则相比，承租人会计处理不再区分经营租赁和融资租赁，而是采用单一的会计处理模型，也就是说，除采用简化处理的短期租赁和低价值资产租赁外，对所有租赁均确认使用权资产和租赁负债，参照固定资产准则对使用权资产计提折旧，采用固定的周期性利率确认每期利息费用。准则仍将出租人租赁分为融资租赁和经营租赁两大类，并分别规定了不同的会计处理方法。

企业应基于单项租赁应用本准则规范进行会计处理。为便于实务操作，如果企业能够合理预计，将本准则规定应用于具有类似特征的租赁组合与应用于该组合中的各单项租赁相比，不会对财务报表产生显著不同的影响，则企业可将本准则应用于该租赁组合。此时，企业应当采用能够反映该组合规模和构成的估计和假设。

二、适用范围

本准则适用于所有租赁，但下列各项除外：一是承租人通过许可使用协议取得的电影、录像、剧本、文稿等版权、专利等项目的权利，以及以出让、划拨或转让方式取得的土地使用权，适用无形资产准则；二是出租人授予的知识产权许可，适用收入准则；三是勘探或使用矿产、石油、天然气及类似不可再生资源的租赁，适用其他相关准则；四是承租人承租生物资产，适用其他相关准则；五是采用建设经营移交等方式参与公共基础设施建设、运营的特许经营权合同，适用其他相关准则和规定。

三、应设置的相关会计科目和主要账务处理

企业通常应当设置以下科目，正确记录和反映企业发生的租赁业务。本部分仅涉及适用于本准则进行会计处理时需要设置的主要会计科目、相关会计科目的主要核算内容以及通常情况下的账务处理。企业在进行具体会计处理时需依据本准则规定对相关事项判断并确定适用的会计处理方法。企业在不违反会计准则确认、计量和报告规定的前提下，可以根据本企业的实际情况自行增设、分拆、合并会计科目。对于明细科目，企业可以比照本部分的规定自行设置。

（一）承租人使用的相关会计科目

1. “使用权资产”

（1）本科目核算承租人持有的使用权资产的原价。

（2）本科目可按租赁资产的类别和项目进行明细核算。

（3）主要账务处理。

①在租赁期开始日，承租人应当按成本借记本科目，按尚未支付的租赁付款额的现值贷记“租赁负债”科目；对于租赁期开始日之前支付租赁付款额的（扣除已享受的租赁激励），贷记“预付款项”等科目；按发生的初始直接费用，贷记“银行存款”等科目；按预计将发生的为拆卸及移除租赁资产、复原租赁资产所在场地或将租赁资产恢复至租赁条款约定状态等成本的现值，贷记“预计负债”科目。

②在租赁期开始日后，承租人按变动后的租赁付款额的现值重新计量租赁负债的，当租赁负债增加时，应当按增加额借记本科目，贷记“租赁负债”科目；除下述③中的情形外，当租赁负债减少时，

应当按减少额借记“租赁负债”科目，贷记本科目；若使用权资产的账面价值已调减至零，应当按仍需进一步调减的租赁负债金额，借记“租赁负债”科目，贷记“制造费用”“销售费用”“管理费用”“研发支出”等科目。

③租赁变更导致租赁范围缩小或租赁期缩短的，承租人应当按缩小或缩短的相应比例，借记“租赁负债”“使用权资产累计折旧”“使用权资产减值准备”科目，贷记本科目，差额借记或贷记“资产处置损益”科目。

④企业转租使用权资产形成融资租赁的，应当借记“应收融资租赁款”“使用权资产累计折旧”“使用权资产减值准备”科目，贷记本科目，差额借记或贷记“资产处置损益”科目。

（4）本科目期末借方余额，反映承租人使用权资产的原价。

（5）承租人应当在资产负债表中单独列示“使用权资产”项目。

2.“使用权资产累计折旧”

（1）本科目核算使用权资产的累计折旧。

（2）本科目可按租赁资产的类别和项目进行明细核算。

（3）主要账务处理。

①承租人通常应当自租赁期开始日起按月计提使用权资产的折旧，借记“营业成本”“制造费用”“销售费用”“管理费用”“研发支出”等科目，贷记本科目。当月计提确有困难的，也可从下月起计提折旧，并在附注中予以披露。

②因租赁范围缩小、租赁期缩短或转租等原因减记或终止确认使用权资产时，承租人应同时结转相应的使用权资产累计折旧。

（4）本科目期末贷方余额，反映使用权资产的累计折旧额。

3.“使用权资产减值准备”

（1）本科目核算使用权资产的减值准备。

（2）本科目可按租赁资产的类别和项目进行明细核算。

（3）主要账务处理。

①使用权资产发生减值的，按应减记的金额，借记“资产减值损失”科目，贷记本科目。

②因租赁范围缩小、租赁期缩短或转租等原因减记或终止确认使用权资产时，承租人应同时结转相应的使用权资产累计减值准备。

（4）使用权资产减值准备一旦计提，不得转回。

（5）本科目期末贷方余额，反映使用权资产的累计减值准备金额。

4. “租赁负债”

（1）本科目核算承租人尚未支付的租赁付款额的现值。

（2）本科目可分别设置“租赁付款额”“未确认融资费用”等进行明细核算。

（3）主要账务处理。

①在租赁期开始日，承租人应当按尚未支付的租赁付款额，贷记“租赁负债——租赁付款额”科目；按尚未支付的租赁付款额的现值，借记“使用权资产”科目；按尚未支付的租赁付款额与其现值的差额，借记“租赁负债——未确认融资费用”科目。

②承租人在确认租赁期内各个期间的利息时，应当借记“财务费用——利息费用”“在建工程”等科目，贷记“租赁负债——未确认融资费用”科目。

③承租人支付租赁付款额时，应当借记“租赁负债——租赁付款额”等科目，贷记“银行存款”等科目。

④在租赁期开始日后，承租人按变动后的租赁付款额的现值重新计量租赁负债的，当租赁负债增加时，应当按租赁付款额现值的增加额，借记“使用权资产”科目，按租赁付款额的增加额，贷记“租赁负债——租赁付款额”科目，按其差额，借记“租赁负债——未确认融资费用”科目；除下述⑤中的情形外，当租赁负债减少时，

应当按租赁付款额的减少额，借记“租赁负债——租赁付款额”科目，按租赁付款额现值的减少额，贷记“使用权资产”科目，按其差额，贷记“租赁负债——未确认融资费用”科目；若使用权资产的账面价值已调减至零，应当按仍需进一步调减的租赁付款额借记“租赁负债——租赁付款额”科目，按仍需进一步调减的租赁付款额现值贷记“营业成本”“制造费用”“销售费用”“管理费用”“研发支出”等科目，按其差额，贷记“租赁负债——未确认融资费用”科目。

⑤租赁变更导致租赁范围缩小或租赁期缩短的，承租人应当按缩小或缩短的相应比例，借记“租赁负债——租赁付款额”“使用权资产累计折旧”“使用权资产减值准备”科目，贷记“租赁负债——未确认融资费用”“使用权资产”科目，差额借记或贷记“资产处置损益”科目。

（4）本科目的期末贷方余额，反映承租人尚未支付的租赁付款额的现值。

（二）出租人使用的相关会计科目

1. “融资租赁资产”

（1）本科目核算租赁企业作为出租人为开展融资租赁业务取得资产的成本。租赁业务不多的企业，也可通过“固定资产”等科目核算。租赁企业和其他企业对于融资租赁资产在未融资租赁期间的会计处理遵循固定资产准则或其他适用的会计准则。

（2）本科目可按租赁资产类别和项目进行明细核算。

（3）主要账务处理。

①出租人购入和以其他方式取得融资租赁资产的，借记本科目，贷记“银行存款”等科目。

②在租赁期开始日，出租人应当按尚未收到的租赁收款额，借

记“应收融资租赁款——租赁收款额”科目，按预计租赁期结束时的未担保余值，借记“应收融资租赁款——未担保余值”科目，按已经收取的租赁款，借记“银行存款”等科目，按融资租赁方式租出资产的账面价值，贷记本科目；融资租赁方式租出资产的公允价值与账面价值的差额，借记或贷记“资产处置损益”科目；按发生的初始直接费用，贷记“银行存款”等科目；差额贷记“应收融资租赁款——未实现融资收益”科目。

（4）本科目期末借方余额，反映企业融资租赁资产的成本。

2. “应收融资租赁款”

（1）本科目核算出租人融资租赁产生的租赁投资净额。

（2）本科目可分别设置“租赁收款额”“未实现融资收益”“未担保余值”等进行明细核算。租赁业务较多的，出租人还可以在“租赁收款额”明细科目下进一步设置明细科目核算。

（3）主要账务处理。

①在租赁期开始日，出租人应当按尚未收到的租赁收款额，借记“应收融资租赁款——租赁收款额”科目，按预计租赁期结束时的未担保余值，借记“应收融资租赁款——未担保余值”科目，按已经收取的租赁款，借记“银行存款”等科目，按融资租赁方式租出资产的账面价值，贷记“融资租赁资产”等科目，按融资租赁方式租出资产的公允价值与其账面价值的差额，借记或贷记“资产处置损益”科目，按发生的初始直接费用，贷记“银行存款”等科目，差额贷记“应收融资租赁款——未实现融资收益”科目。

企业认为有必要对发生的初始直接费用进行单独核算的，也可以按照发生的初始直接费用的金额，借记“应收融资租赁款——初始直接费用”科目，贷记“银行存款”等科目；然后借记“应收融资租赁款——未实现融资收益”科目，贷记“应收融资租赁款——初始直接费用”科目。

②出租人在确认租赁期内各个期间的利息收入时，应当借记“应收融资租赁款——未实现融资收益”科目，贷记“租赁收入——利息收入”“其他业务收入”等科目。

③出租人收到租赁收款额时，应当借记“银行存款”科目，贷记“应收融资租赁款——租赁收款额”科目。

（4）本科目的期末借方余额，反映未担保余值和尚未收到的租赁收款额的现值之和。

（5）本科目余额在“长期应收款”项目中填列，其中，自资产负债表日起一年内（含一年）到期的，在“一年内到期的非流动资产”中填列。出租业务较多的出租人，也可在“长期应收款”项目下单独列示为“其中：应收融资租赁款”。

3. “应收融资租赁款减值准备”

（1）本科目核算应收融资租赁款的减值准备。

（2）主要账务处理。

应收融资租赁款的预期信用损失，按应减记的金额，借记“信用减值损失”科目，贷记本科目。转回已计提的减值准备时，做相反的会计分录。

（3）本科目期末贷方余额，反映应收融资租赁款的累计减值准备金额。

4. “租赁收入”

（1）本科目核算租赁企业作为出租人确认的融资租赁和经营租赁的租赁收入。一般企业根据自身业务特点确定租赁收入的核算科目，例如“其他业务收入”等。

（2）本科目可按租赁资产类别和项目进行明细核算。

（3）主要账务处理。

①出租人在经营租赁下，将租赁收款额采用直线法或其他系统合理的方法在租赁期内进行分摊确认时，应当借记“银行存款”

“应收账款”等科目，贷记“租赁收入——经营租赁收入”科目。

出租人在融资租赁下，在确认租赁期内各个期间的利息收入时，应当借记“应收融资租赁款——未实现融资收益”科目，贷记“租赁收入——利息收入”“其他业务收入”等科目。出租人为金融企业的，在融资租赁下，在确认租赁期内各个期间的利息收入时，应当借记“应收融资租赁款——未实现融资收益”科目，贷记“利息收入”等科目。

②出租人确认未计入租赁收款额的可变租赁付款额时，应当借记“银行存款”“应收账款”等科目，贷记“租赁收入——可变租赁付款额”科目。

（4）期末，应将本科目余额转入“本年利润”科目，结转后本科目无余额。

对于日常经营活动为租赁的企业，其利息收入和租赁收入可以作为营业收入列报。

四、租赁的识别

（一）租赁的定义

在合同开始日，企业应当评估合同是否为租赁或者包含租赁。租赁，是指在一定期间内，出租人将资产的使用权让与承租人以获取对价的合同。如果合同一方让渡了在一定期间内控制一项或多项已识别资产使用的权利以换取对价，则该合同为租赁或者包含租赁。

一项合同要被分类为租赁，必须要满足三要素：一是存在一定期间；二是存在已识别资产；三是资产供应方向客户转移对已识别资产使用权的控制。

在合同中，"一定期间"也可以表述为已识别资产的使用量，例如，某项设备的产出量。如果客户有权在部分合同期内控制已识别资产的使用，则合同包含一项在该部分合同期间的租赁。

企业应当就合同进行评估，判断其是否为租赁或包含租赁。本准则规定，同时符合下列条件的，使用已识别资产的权利构成一项单独租赁：（1）承租人可从单独使用该资产或将其与易于获得的其他资源一起使用中获利；（2）该资产与合同中的其他资产不存在高度依赖或高度关联关系。

另外，接受商品或服务的合同可能由合营安排或合营安排的代表签订（合营安排的定义参见《企业会计准则第40号——合营安排》）。在这种情况下，企业评估合同是否包含一项租赁时，应将整个合营安排视为该合同中的客户，评估该合营安排是否在使用期间有权控制已识别资产的使用。

除非合同条款或条件发生变化，企业无需重新评估合同是否为租赁或者是否包含租赁。

（二）已识别资产

1. 对资产的指定

按照本准则第六条，已识别资产通常由合同明确指定，也可以在资产可供客户使用时隐性指定。

【例1】 甲公司（客户）与乙公司（供应方）签订了使用乙公司一节火车车厢的5年期合同。该车厢专为用于运输甲公司生产过程中使用的特殊材料而设计，未经重大改造不适合其他客户使用。合同中没有明确指定轨道车辆（例如，通过序列号），但是乙公司仅拥有一节适合客户甲使用的火车车厢。如果车厢不能正常工作，合同要求乙公司修理或更换车厢。

分析：具体哪节火车车厢虽未在合同中明确指定，但是被隐含指定，因为乙公司仅拥有一节适合客户甲使用的火车车厢，必须使用其来履行合同，乙公司无法自由替换该车厢。因此，火车车厢是一项已识别资产。

2. 物理可区分

如果资产的部分产能在物理上可区分（例如，建筑物的一层），则该部分产能属于已识别资产。如果资产的某部分产能与其他部分在物理上不可区分（例如，光缆的部分容量），则该部分不属于已识别资产，除非其实质上代表该资产的全部产能，从而使客户获得因使用该资产所产生的几乎全部经济利益的权利。

【例2】 情形1：甲公司（客户）与乙公司（公用设施公司）签订了一份为期15年的合同，以取得连接A、B城市光缆中三条指定的物理上可区分的光纤使用权。若光纤损坏，乙公司应负责修理和维护。乙公司拥有额外的光纤，但仅可因修理、维护或故障等原因替换指定给甲公司使用的光纤。

情形2：甲公司与乙公司签订了一份为期15年的合同，以取得连接A、B城市光缆中约定带宽的光纤使用权。甲公司约定的带宽相当于使用光缆中三条光纤的全部传输容量（乙公司光缆包含15条传输容量相近的光纤）。

分析：情形1下，合同明确指定了三条光纤，并且这些光纤与光缆中的其他光纤在物理上可区分，乙公司不可因修理、维护或故障以外的原因替换光纤，因此情形1中存在三条已识别光纤。

情形2下，甲公司仅使用光缆的部分传输容量，提供给甲公司使用的光纤与其余光纤在物理上不可区分，且不代表光缆的几乎全部传输容量，因此情形2中不存在已识别资产。

3. 实质性替换权

按照本准则第六条，即使合同已对资产进行指定，如果资产供应方在整个使用期间拥有对该资产的实质性替换权，则该资产不属于已识别资产。其原因在于，如果资产供应方在整个使用期间均能自由替换合同资产，那么实际上，合同只规定了满足客户需求的一类资产，而不是被唯一识别出的一项或几项资产。也就是说，在这种情况下，合同资产并未和资产供应方的同类其他资产明确区分开来，并未被识别出来。

同时符合下列条件时，表明资产供应方拥有资产的实质性替换权：

（1）资产供应方拥有在整个使用期间替换资产的实际能力。

例如，客户无法阻止供应方替换资产，且用于替换的资产对于资产供应方而言易于获得或者可以在合理期间内取得。

（2）资产供应方通过行使替换资产的权利将获得经济利益。即，替换资产的预期经济利益将超过替换资产所需成本。

需要注意的是，如果合同仅赋予资产供应方在特定日期或者特定事件发生日或之后拥有替换资产的权利或义务，考虑到资产供应方没有在整个使用期间替换资产的实际能力，资产供应方的替换权不具有实质性。

企业在评估资产供应方的替换权是否为实质性权利时，应基于合同开始日的事实和情况，而不应考虑在合同开始日企业认为不可能发生的未来事件，例如：①未来某个客户为使用该资产同意支付高于市价的价格；②引入了在合同开始日尚未实质开发的新技术；③客户对资产的实际使用或资产实际性能与在合同开始日认为可能的使用或性能存在重大差异；④使用期间资产市价与合同开始日认为可能的市价存在重大差异。

与资产位于资产供应方所在地相比，如果资产位于客户所在地或其他位置，替换资产所需要的成本更有可能超过其所能获取的利益。资产供应方在资产运行结果不佳或者进行技术升级的情况下，因修理和维护而替换资产的权利或义务不属于实质性替换权。

企业难以确定资产供应方是否拥有实质性替换权的，应视为资产供应方没有对该资产的实质性替换权。

【例3】甲公司（客户）与乙公司（供应方）签订合同，合同要求乙公司在5年内按照约定的时间表使用指定型号的火车车厢为甲公司运输约定数量的货物。合同中约定的时间表和货物数量相当于甲公司在5年内有权使用10节指定型号火车车厢。合同规定了所运输货物的性质。乙公司有大量类似的车厢可以满足合同要求。车厢不用于运输货物时存放在乙公司处。

分析：(1) 乙公司在整个使用期间有替换每节车厢的实际能力。用于替换的车厢是乙公司易于获得的，且无需甲公司批准即可替换。(2) 乙公司可通过替换车厢获得经济利益。车厢存放在乙公司处，乙公司拥有大量类似的车厢，替换每节车厢的成本极小，乙公司可以通过替换车厢获益，例如，使用已位于任务所在地的车厢执行任务，或利用某客户未使用而闲置的车厢。

因此，乙公司拥有车厢的实质性替换权，合同中用于运输甲公司货物的车厢不属于已识别资产。

【例4】甲公司是一家便利店运营企业，与某机场运营商乙公司签订了使用机场内某处商业区域销售商品的3年期合同。合同规定了商业区域的面积，商业区域可以位于机场内的任一登机区域，乙公司有权在整个使用期间随时调整分配给甲公司的商业区域位置。甲公司使用易于移动的自有售货亭销售商品。机场有很多符合合同规定的区域可供甲公司使用。

分析：（1）乙公司在整个使用期间有变更甲公司使用的商业区域的实际能力。机场内有许多区域符合合同规定的商业区域，乙公司有权随时将甲公司使用的商业区域的位置变更至其他区域而无需甲公司批准。（2）乙公司通过替换商业区域将获得经济利益。因为售货亭易于移动，所以乙公司变更甲公司所使用商业区域的成本极小。乙公司能够根据情况变化最有效地利用机场登机区域，因此乙公司能够通过替换机场内的商业区域获益。甲公司控制的是自有的售货亭，而合同约定的是机场内的商业区域，乙公司可随意变更该商业区域，因此乙公司有替换甲公司所使用商业区域的实质性权利。

因此，尽管合同具体规定了甲公司使用的商业区域的面积，但合同中不存在已识别资产。

【例5】甲公司（客户）与乙公司（供应方）签订了使用一架指定飞机的两年期合同，合同详细规定了飞机的内、外部规格。合同规定，乙公司在两年合同期内可以随时替换飞机，在飞机出现故障时则必须替换飞机；无论哪种情况下，所替换的飞机必须符合合同中规定的内、外部规格。在乙公司的机队中配备符合甲公司要求规格的飞机所需成本高昂。

分析：本例中，合同明确指定了飞机，尽管合同允许乙公司替换飞机，但配备另一架符合合同要求规格的飞机会发生高昂的成本，乙公司不会因替换飞机而获益，因此乙公司的替换权不具有实质性。本例中存在已识别资产。

（三）客户是否控制已识别资产使用权的判断

本准则第五条规定，为确定合同是否让渡了在一定期间内控制已识别资产使用的权利，企业应当评估合同中的客户是否有权获得在使用期间因使用已识别资产所产生的几乎全部经济利益，并有权在该使用期间主导已识别资产的使用。

1. 客户是否有权获得因使用资产所产生的几乎全部经济利益

在评估客户是否有权获得因使用已识别资产所产生的几乎全部经济利益时，企业应当在约定的客户权利范围内考虑其所产生的经济利益。

例如：（1）如果合同规定汽车在使用期间仅限在某一特定区域使用，则企业应当仅考虑在该区域内使用汽车所产生的经济利益，而不包括在该区域外使用汽车所产生的经济利益；（2）如果合同规定客户在使用期间仅能在特定里程范围内驾驶汽车，则企业应当仅考虑在允许的里程范围内使用汽车所产生的经济利益，而不包括超出该里程范围使用汽车所产生的经济利益。

为了控制已识别资产的使用，客户应当有权获得整个使用期间使用该资产所产生的几乎全部经济利益（例如，在整个使用期间独家使用该资产）。客户可以通过多种方式直接或间接获得使用资产所产生的经济利益，例如，通过使用、持有或转租资产。使用资产所产生的经济利益包括资产的主要产出和副产品（包括来源于这些项目的潜在现金流量）以及通过与第三方之间的商业交易实现的其他经济利益。

如果合同规定客户应向资产供应方或另一方支付因使用资产所产生的部分现金流量作为对价，该现金流量仍应视为客户因使用资产而获得的经济利益的一部分。例如，如果客户因使用零售区域需向供应方支付零售收入的一定比例作为对价，该条款本身并不妨碍客户拥有获得使用零售区域所产生的几乎全部经济利益的权利。因为零售收入所产生的现金流量是客户使用零售区域而获得的经济利益，而客户支付给零售区域供应方的部分现金流量是使用零售区域的权利的对价。

2. 客户是否有权主导资产的使用

按照本准则第八条，存在下列情形之一的，可视为客户有权主导对已识别资产在整个使用期间的使用：

（1）客户有权在整个使用期间主导已识别资产的使用目的和使用方式；

（2）已识别资产的使用目的和使用方式在使用期间前已预先确定，并且客户有权在整个使用期间自行或主导他人按照其确定的方式运营该资产，或者客户设计了已识别资产（或资产的特定方面）并在设计时已预先确定了该资产在整个使用期间的使用目的和使用方式。

关于上述第一种情况，如果客户有权在整个使用期间在合同界定的使用权范围内改变资产的使用目的和使用方式，则视为客户有权在该使用期间主导资产的使用目的和使用方式。在判断客户是否有权在整个使用期间主导已识别资产的使用目的和使用方式时，企业应当考虑在该使用期间与改变资产的使用目的和使用方式最为相关的决策权。相关决策权是指对使用资产所产生的经济利益产生影响的决策权。最为相关的决策权可能因资产性质、合同条款和条件的不同而不同。此类例子包括：①变更资产产出类型的权利。例如，决定将集装箱用于运输商品还是储存商品，或者决定在零售区域销售的产品组合。②变更资产的产出时间的权利。例如，决定机器或发电厂的运行时间。③变更资产的产出地点的权利。例如，决定卡车或船舶的目的地，或者决定设备的使用地点。④变更资产是否产出以及产出数量的权利。例如，决定是否使用发电厂发电以及发电量的多少。

某些决策权并未授予客户改变资产的使用目的和使用方式的权利，例如，在资产的使用目的和使用方式未预先确定的情况下，客户仅拥有运行或维护资产的权利。这些决策权对于资产的高效使用通常是必要的，但它们往往取决于有关于资产使用目的和使用方式来决定，而并非主导资产的使用目的和使用方式的权利。

关于上述第二种情况，与资产使用目的和使用方式相关的决策可以通过很多方式预先确定，例如，通过设计资产或在合同中对资产的使用做出限制来预先确定相关决策。

【例 6】 甲公司（客户）与乙公司（供应方）就使用一辆卡车在一周时间将货物从 A 地运至 B 地签订了合同。根据合同，乙公司只提供卡车、发运及到货的时间和站点，甲公司负责派人驾车自甲地到乙地。合同中明确指定了卡车，并规定在合同期内该卡车只允许用于运输合同中指定的货物，乙公司没有替换权。合同规定了卡车可行驶的最大里程。甲公司可在合同规定的范围内选择具体的行驶速度、路线、停车休息地点等。甲公司在指定路程完成后无权继续使用这辆卡车。

分析：本例中，合同明确指定了一辆卡车，且乙公司无权替换，因此合同存在已识别资产。合同预先确定了卡车的使用目的和使用方式，即在规定时间内将指定货物从甲地运至乙地。甲公司有权在整个使用期间操作卡车（例如决定行驶速度、路线、停车休息地点），因此甲公司主导了卡车的使用，甲公司通过控制卡车的操作在整个使用期间全权决定卡车的使用。

【例 7】 甲公司（客户）与乙公司（供应方）签订了购买某一新太阳能电厂 20 年生产的全部电力的合同。合同明确指定了太阳能电厂，且乙公司没有替换权。太阳能电厂的产权归乙公司所有，乙公司不能通过其他电厂向甲公司供电。太阳能电厂在建造之前由甲公司设计，甲公司聘请了太阳能专家协助其确定太阳能电厂的选址和设备工程。乙公司负责按照甲公司的设计建造太阳能电厂，并负责电厂的运行和维护。关于是否发电、发电时间和发电量无需再进行决策，该项资产在设计时已经预先确定了这些决策。

分析：本例中，合同明确指定了太阳能电厂，且乙公司无权替换，因此合同存在已识别资产。由于太阳能电厂使用目的、使用方式等相关决策在太阳能电厂设计时已预先确定，因此，尽管太阳能电厂的运营由乙公司负责，但是该电厂由甲公司设计这一事实赋予了甲公司主导电厂使用的权利，甲公司在整个20年使用期有权主导太阳能电厂的使用。

在评估客户是否有权主导资产的使用时，除非资产（或资产的特定方面）由客户设计，企业应当仅考虑在使用期间对资产使用做出决策的权利。例如，如果客户仅能在使用期间之前指定资产的产出而没有与资产使用相关的任何其他决策权，则该客户享有的权利与任何购买该项商品或服务的其他客户享有的权利并无不同。

【例8】沿用〖例7〗，但电厂由乙公司在合同签订前自行设计。

分析：本例中，合同明确指定了电厂，且乙公司无权替换，因此合同存在已识别资产。电厂的使用目的和使用方式，即是否发电、发电时间和发电量，在合同中已预先确定。甲公司在使用期间无权改变电厂的使用目的和使用方式，没有关于电厂使用的其他决策权（例如，甲公司不运营电厂），也未参与电厂的设计，因此甲公司在使用期间无权主导电厂的使用。

【例9】甲公司（客户）与乙公司（供应方）签订合同，使用指定的乙公司船只将货物从甲地运至乙地。合同明确规定了船只、运输的货物以及装卸日期。乙公司没有替换船只的权利。运输的货物将占据该船只几乎全部的运力。乙公司负责船只的操作和维护，并负责船上货物的安全运输。合同期间，甲公司不得雇佣其他人员操作船只或自行操作船只。

分析：本例中，合同明确指定了船只，且乙公司无权替换，因此合同存在已识别资产。合同预先确定了船只的使用目的和使用方式，即在规定的装卸日期将指定货物从甲地运至乙地。甲公司在使用期间无权改变船只的使用目的和使用方式，也没有关于船只使用的其他决策权（例如，甲公司无权操作船只），也未参与该船只的设计，因此甲公司在使用期间无权主导船只的使用。

【例 10】甲公司（客户）与电信公司乙公司（供应方）签订了两年期的网络服务合同，合同要求乙公司提供约定传输速度和质量的网络服务。为提供这项服务，乙公司在甲公司处安装并配置了服务器；在保证约定的甲公司在网络上使用服务器传输数据的速度和质量的前提下，乙公司有权决定使用服务器传输数据的方式（包括服务器接入的网络）、是否重新配置服务器以及是否将服务器用于其他用途。甲公司并不操作服务器或对其使用作出任何重大决定。

分析：乙公司是使用期间唯一可就服务器的使用作出相关决策的一方。尽管甲公司可以在使用期开始前决定网络的服务水平（网络服务的传输速度和质量），但其不能直接影响网络服务的配置，也不能决定服务器的使用方式和使用目的，因此甲公司在使用期间不能主导服务器的使用。

合同可能包含一些旨在保护资产供应方在已识别资产或其他资产中的权益、保护资产供应方的工作人员或者确保资产供应方不因客户使用租赁资产而违反法律法规的条款和条件。例如，合同可能规定资产使用的最大工作量，限制客户使用资产的地点或时间，要求客户遵守特定的操作惯例，或者要求客户在变更资产使用方式时通知资产供应方。这些权利虽然对客户使用资产权利的范围作出了限定，但是其本身不足以否定客户拥有主导资产使用的权利。

【例11】 甲公司（客户）与乙公司（供应方）签订了使用指定船只的5年期合同。合同明确规定了船只，且乙公司没有替换权。甲公司在整个5年使用期决定运输的货物、船只是否航行以及航行的时间和目的港，但需遵守合同规定的限制条件。这些限制条件是为了防止甲公司将船只驶入遭遇海盗风险较高的水域或装载危险品。乙公司负责船只的操作与维护，并负责船上货物的安全运输。合同期间，甲公司不得雇佣其他人员操作船只或自行操作船只。

分析：本例中，合同明确指定了船只，且乙公司无权替换，因此存在已识别资产。合同中关于船只可航行水域和可运输货物的限制限定了甲公司使用船只的权利的范围，但目的仅是保护乙公司船只和人员安全。因为甲公司在使用权范围内可以决定船只是否航行、航行的时间和地点以及所运输的货物，所以甲公司在整个5年使用期可以决定船只的使用目的和使用方式，并有权改变这些决定。尽管船只的操作和维护对于船只的有效使用必不可少，但乙公司在这些方面的决策并未赋予其主导船只使用目的和使用方式的权利。相反，乙公司的决策取决于甲公司关于船只使用目的和使用方式的决定。

因此，甲公司在整个5年使用期有权主导该船只的使用。

（四）评估流程

综上，合同开始日，企业评估合同是否为租赁或是否包括租赁可参考图1。

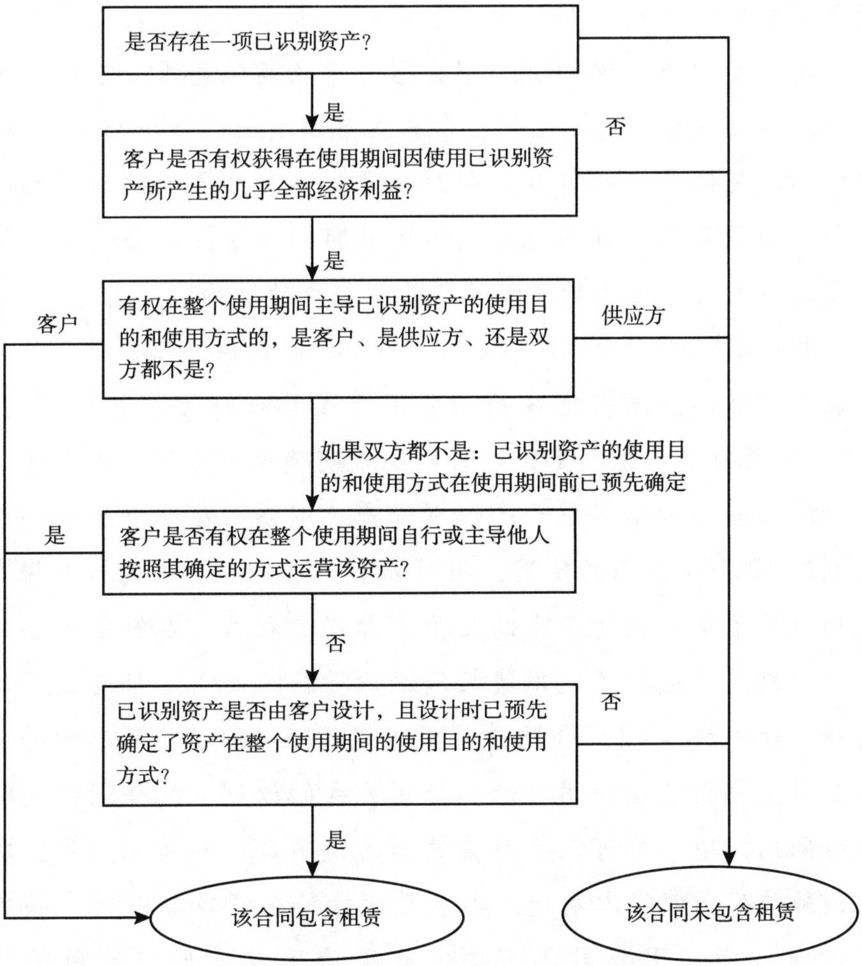

图1　评估合同是否为租赁或是否包括租赁

【例12】 甲公司（客户）与乙公司（货运商）签订了一份使用10个指定型号集装箱的5年期合同。合同指定了具体的集装箱，集装箱归乙公司所有。甲公司有权决定何时何地使用这些集装箱以及用其运输什么货物。不用时，集装箱存放在甲公司处。甲公司可将集装箱用于其他目的（如用于存储）。但合同明确规定甲公司不能运输特定类型的货物（如爆炸物）。若某个集装箱需要保养或维修，乙公司应以同类型的集装箱替换。除非甲公司违约，乙公司在这合同期内不得收回集装箱。除集装箱外，合同还约定乙公司应按照甲公司的要求提供运输集装箱的卡车和司机。卡车存放在乙公司处，乙公司向司机发出指示详细说明甲公司的货物运输要求。乙公司可使用任一卡车满足甲公司的需求，卡车既可以用于运输甲公司的货物，也可以运输其他客户的货物，即，如果其他客户要求运输货物的目的地与甲公司要求的目的地距离不远且时间接近，乙公司可以用同一卡车运送甲公司使用的集装箱及其他客户的货物。

分析：本例中，合同明确指定了10个集装箱，乙公司一旦交付集装箱给甲公司，仅在集装箱需要保养或维修时方可替换，因此，这10个集装箱是已识别资产。合同既未明确也未隐性指定卡车，因此运输集装箱的卡车不属于已识别资产。甲公司在整个5年使用期内控制这10个集装箱的使用，原因如下：(1) 甲公司有权获得在五年使用期使用集装箱所产生的几乎全部经济利益。本例中甲公司在整个使用期间（包括不使用集装箱运输货物的期间）拥有这些集装箱的独家使用权。(2) 合同中关于集装箱可运输货物的限制并未赋予乙公司主导集装箱使用目的和使用方式的权利。在合同约定的使用权范围内，甲公司可以主导集装箱的使用目的和使用方式，决定何时何地使用集装箱以及使用集装箱运输什么货物。当集装箱不用于运输货物时，甲公司还可决定是否使用以及如何使用集装箱（如，用于存储）。甲公司在5年使用期内有权改变这些决定，因此甲公司有权主导集装箱的使用。尽管乙公司控制了运输集装箱的卡车和司机，但乙公司在这方面的决策并未赋予其主导集装箱使用目的和使用方式的权利。因此，乙公司在使用期间不能主导集装箱的使用。

基于上述分析可以得出结论，该合同包含集装箱的租赁，甲公司拥有10个集装箱的5年使用权。关于卡车的合同条款并不构成一项租赁，而是一项服务。

【例13】 甲公司（客户）与乙公司（某商场物业所有者）签订

了一份使用商铺A的5年期合同。商铺A是某商场的一部分，该商场包含许多商铺。合同授予了甲公司商铺A的使用权。乙公司可以要求甲公司搬至另一商铺，在这种情况下，乙公司应向甲公司提供与商铺A面积和位置类似的商铺，并支付搬迁费用。仅当有新的重要租户决定租用较大零售区域，并支付至少足够涵盖甲公司及零售区域内其他租户搬迁费用的租赁费时，乙公司才能因甲公司搬迁而获得经济利益。尽管这种情形不完全排除发生的可能性，但根据合同开始日情况来看，企业认为属于不可能发生的情况。合同要求甲公司在商场的营业时间内使用商铺A经营其知名店铺品牌以销售商品。甲公司在使用期间就商铺A的使用作出决定。例如，甲公司决定该商铺所销售的商品组合、商品价格和存货量。合同要求甲公司向乙公司支付固定付款额，并按商铺A销售额的一定比例支付可变付款额。作为合同的一部分，乙公司提供清洁、安保及广告服务。

分析：本例中商铺A在合同中明确指定乙公司有替换商铺的实际能力，但仅在特定情况下才能获益，根据合同开始日的情形分析不太可能出现这种情况，因此，乙公司的替换权不具有实质性，商铺A属于已识别资产。甲公司在整个5年使用期控制商铺A的使用，原因如下：(1) 甲公司有权获得在5年使用期使用商铺A所产生的几乎全部经济利益。本例中，甲公司在整个使用期间拥有商铺A的独家使用权。尽管商铺A销售所产生的部分现金流量将从甲公司流向乙公司，但这仅代表甲公司为使用商铺A而支付给乙公司的对价，并不妨碍甲公司拥有获得使用商铺A所产生的几乎全部经济利益的权利。(2) 合同关于商铺A销售的商品以及营业时间的限制限定了甲公司使用商铺A的权利的范围。在合同界定的使用权范围内，甲公司可以决定商铺A的使用目的和使用方式，例如，甲公司能够决定在商铺A销售的商品组合以及商品售价。甲公司在5年使用期有权改变这些决定。因此甲公司有权主导商铺A的使用。尽管清洁、安保和广告服务对于商铺A的有效使用必不可少，但乙公司在这些方面的决定并未赋予其主导商铺A使用目的和使用方式的权利。

基于上述分析可以得出结论，该合同包含商铺A的租赁，甲公司拥有商铺A 5年的使用权。

【例14】 甲公司（客户）与乙公司（制造商）签订了3年期合同，购买一定数量特定材质、版型和尺码的西装。乙公司仅有一家符合甲公司需求的工厂，且乙公司无法用另一家工厂生产的西装供货或从第三方公司购买西装供货。乙公司工厂的产能超过与甲公司签订的合同中的数量（即甲公司未就工厂的几乎全部产能签订合同）。乙公司全权决定该工厂的运营，包括工厂的产出水平以及将不用于满足该合同的产出用以履行哪些客户合同。

分析：本例中，乙公司仅可通过使用一家工厂履行合同，工厂是隐性指定的，因此是已识别资产。但是，甲公司无权获得使用该工厂所产生的几乎全部经济利益，因为乙公司在使用期间可以使用该工厂履行其他客户合同。另外，甲公司在3年使用期内也无权主导工厂的使用目的和使用方式，因为乙公司有权决定工厂的产出水平以及将生产的产品用于履行哪些客户合同，所以乙公司有权主导工厂的使用。甲公司的权利仅限于合同中规定的工厂的特定产出。甲公司对工厂的使用享有与从工厂购买西装的其他客户同样的权利。

单凭甲公司无权获得使用工厂所产生的几乎全部经济利益这一事实，或单凭甲公司无权主导工厂的使用这一事实，均足以判断甲公司在使用期间不能控制工厂的使用权。

【例15】 甲公司（客户）与乙公司（信息技术公司）签订了使用一台指定服务器的3年期合同。乙公司根据甲公司的指示在甲公司处交付和安装服务器，并在整个使用期间根据需要提供服务器的维修和保养服务。乙公司仅在服务器发生故障时替换服务器。甲公司决定在服务器中存储哪些数据以及如何将服务器与其运营整合，并在整个使用期间有权改变这些决定。

分析：本例中，合同明确指定了服务器，乙公司仅在服务器发生故障时方可替换，合同存在已识别资产。甲公司在整个 3 年使用期控制服务器的使用，原因如下：（1）甲公司有权获得在 3 年使用期使用服务器所产生的几乎全部经济利益。因此，甲公司在整个使用期间拥有服务器的独家使用权；（2）甲公司有权决定使用该服务器支持其运营的哪些方面以及存储哪些数据，甲公司可就服务器的使用目的和使用方式作出相关决定，且甲公司是使用期间唯一可对服务器的使用作出决定的一方，因此甲公司有权主导服务器的使用。

基于上述分析可以得出结论，该合同包含服务器的租赁，甲公司拥有服务器 3 年的使用权。

五、租赁的分拆与合并

（一）租赁的分拆

本准则规定，合同中同时包含多项单独租赁的，承租人和出租人应当将合同予以分拆，并分别各项单独租赁进行会计处理。合同中同时包含租赁和非租赁部分的，承租人和出租人应当将租赁和非租赁部分进行分拆，除非企业适用本准则第十二条的规定进行会计处理。分拆时，各租赁部分应当分别按照本准则进行会计处理，非租赁部分应当按照其他适用的企业会计准则进行会计处理。

同时符合下列条件，使用已识别资产的权利构成合同中的一项单独租赁：

（1）承租人可从单独使用该资产或将其与易于获得的其他资源一起使用中获利。易于获得的资源是指出租人或其他供应方单独销售或出租的商品或服务，或者承租人已从出租人或其他交易中获得的资源。

（2）该资产与合同中的其他资产不存在高度依赖或高度关联关系。例如，若承租人租入资产的决定不会对承租人使用合同中的其他资产的权利产生重大影响，则表明该项资产与合同中的其他资产不存在高度依赖或高度关联关系。

出租人可能要求承租人承担某些款项，却并未向承租人转移商品或服务。例如，出租人可能将管理费或与租赁相关的其他成本计入应付金额，而并未向承租人转移商品或服务。此类应付金额不构成合同中单独的组成部分，而应视为总对价的一部分分摊至单独识别的合同组成部分。

1. 承租人的处理

在分拆合同包含的租赁和非租赁部分时，承租人应当按照各项租赁部分单独价格及非租赁部分的单独价格之和的相对比例分摊合同对价。租赁和非租赁部分的相对单独价格，应当根据出租人或类似资产供应方就该部分或类似部分向企业单独收取的价格确定。如果可观察的单独价格不易于获得，承租人应当最大限度地利用可观察的信息估计单独价格。

本准则第十二条规定，为简化处理，承租人可以按照租赁资产的类别选择是否分拆合同包含的租赁和非租赁部分。承租人选择不分拆的，应当将各租赁部分及与其相关的非租赁部分分别合并为租赁，按照本准则进行会计处理。但是，对于按照《企业会计准则第22号——金融工具确认和计量》（2017）应分拆的嵌入衍生工具，承租人不应将其与租赁部分合并进行会计处理。

【例16】甲公司从乙公司租赁一台推土机、一辆卡车和一台长臂挖掘机用于采矿业务，租赁期为4年。乙公司同意在整个租赁期内维护各项设备。合同固定对价为3 000 000元，按年分期支付，每年支付750 000元。合同对价包含了各项设备的维护费用。

分析：甲公司未采用简化处理，而是将非租赁部分（维护服务）与租入的各项设备分别进行会计处理。甲公司认为租入的推土机、卡车和长臂挖掘机分别属于单独租赁，原因如下：（1）甲公司可从单独使用这三项设备中的每一项，或将其与易于获得的其他资源一起使用中获利（例如，甲公司易于租入或购买其他卡车或挖掘机用于其采矿业务）；（2）尽管甲公司租入这三项设备只有一个目的（即从事采矿业务），但这些设备不存在高度依赖或高度关联关系。因此，甲公司得出结论，合同中存在三个租赁部分和对应的三个非租赁部分（维护服务）。甲公司将合同对价分摊至三个租赁部分和非租赁部分。

市场上有多家供应方提供类似推土机和卡车的维护服务，因此这两项租入设备的维护服务存在可观察的单独价格。假设其他供应方的支付条款与甲、乙公司签订的合同条款相似，甲公司能够确定推土机和卡车维护服务的可观察单独价格分别为160 000元和80 000元。长臂挖掘机是高度专业化机械，其他供应方不出租类似挖掘机或为其提供维护服务。乙公司对从本公司购买相似长臂挖掘机的客户提供4年的维护服务，可观察对价为固定金额280 000元，分4年支付。因此，甲公司估计长臂挖掘机维护服务的单独价格为280 000元。甲公司观察到乙公司在市场上单独出租租赁期为4年的推土机、卡车和长臂挖掘机的价格分别为900 000元、580 000元和1 200 000元。

甲公司将合同固定对价3 000 000元分摊至租赁和非租赁部分的情况如表1所示。

表1 金额单位：元

		推土机	卡车	长臂挖掘机	合计
可观察的单独价格	租赁	900 000	580 000	1 200 000	2 680 000
	非租赁				520 000 *
	合计				3 200 000
	固定对价总额				3 000 000
分摊率	分摊率（%）**				93.75

注：* 160 000 + 80 000 + 280 000 = 520 000；** 按照本准则规定，承租人按照推土机、卡车、长臂挖掘机这三个租赁部分单独价格900 000元、580 000元、1 200 000元和非租赁部分的单独价格之和520 000元的相对比例，来分摊合同对价。分拆后，推土机、卡车和长臂挖掘机的租赁付款额（折现前）分别为843 750元、543 750元和1 125 000元。

2. 出租人的处理

出租人应当分拆租赁部分和非租赁部分，根据《企业会计准则第14号——收入》（2017）第二十条至第二十五条关于交易价格分摊的规定分摊合同对价。

（二）租赁的合并

企业与同一交易方或其关联方在同一时间或相近时间订立的两

份或多份包含租赁的合同，在满足下列条件之一时，应当合并为一份合同进行会计处理：

（1）该两份或多份合同基于总体商业目的而订立并构成一揽子交易，若不作为整体考虑则无法理解其总体商业目的。

（2）该两份或多份合同中的某份合同的对价金额取决于其他合同的定价或履行情况。

（3）该两份或多份合同让渡的资产使用权合起来构成一项单独租赁。

两份或多份合同合并为一份合同进行会计处理的，仍然需要区分该一份合同中的租赁部分和非租赁部分。

六、租赁期

本准则规定，租赁期是指承租人有权使用租赁资产且不可撤销的期间；承租人有续租选择权，即有权选择续租该资产，且合理确定将行使该选择权的，租赁期还应当包含续租选择权涵盖的期间；承租人有终止租赁选择权，即有权选择终止租赁该资产，但合理确定将不会行使该选择权的，租赁期应当包含终止租赁选择权涵盖的期间。

（一）租赁期开始日

租赁期自租赁期开始日起计算。租赁期开始日，是指出租人提供租赁资产使其可供承租人使用的起始日期。如果承租人在租赁协议约定的起租日或租金起付日之前，已获得对租赁资产使用权的控制，则表明租赁期已经开始。租赁协议中对起租日或租金支付时间的约定，并不影响租赁期开始日的判断。

【例17】在某商铺的租赁安排中，出租人于2×18年1月1日将房屋钥匙交付承租人，承租人在收到钥匙后，就可以自主安排对商铺的装修布置，并安排搬迁。合同约定有3个月的免租期，起租日为2×18年4月1日，承租人自起租日开始支付租金。

分析：此交易中，由于承租人自2×18年1月1日起就已拥有对商铺使用权的控制，因此租赁期开始日为2×18年1月1日，即租赁期包含出租人给予承租人的免租期。

（二）不可撤销期间

在确定租赁期和评估不可撤销租赁期间时，企业应根据租赁条款约定确定可强制执行合同的期间。

如果承租人和出租人双方均有权在未经另一方许可的情况下终止租赁，且罚款金额不重大，则该租赁不再可强制执行。如果只有承租人有权终止租赁，则在确定租赁期时，企业应将该项权利视为承租人可行使的终止租赁选择权予以考虑。如果只有出租人有权终止租赁，则不可撤销的租赁期包括终止租赁选择权所涵盖的期间。

【例 18】 承租人与出租人签订了一份租赁合同，约定自租赁期开始日 1 年内不可撤销，如果撤销，双方将支付重大罚金，1 年期满后，经双方同意可再延长 1 年，如有一方不同意，将不再续期，且没有罚款。假设承租人对于租赁资产并不具有重大依赖。

分析：在此情况下，自租赁期开始日起的第 1 年有强制的权利和义务，是不可撤销期间。而此后 1 年的延长期并非不可撤销期间，因为承租人或出租人均可单方面选择不续约而无需支付任何罚款。

（三）续租选择权和终止租赁选择权

在租赁期开始日，企业应当评估承租人是否合理确定将行使续租或购买标的资产的选择权，或者将不行使终止租赁选择权。在评估时，企业应当考虑对承租人行使续租选择权或不行使终止租赁选择权带来经济利益的所有相关事实和情况，包括自租赁期开始日至选择权行使日之间的事实和情况的预期变化。

需考虑的因素包括但不限于以下方面：

（1）与市价相比，选择权期间的合同条款和条件。例如：选择权期间内为使用租赁资产而需支付的租金；可变租赁付款额或其他或有款项，如因终止租赁罚款和余值担保导致的应付款项；初始选择权期间后可行使的其他选择权的条款和条件，如续租期结束时可按低于市价的价格行使购买选择权。

（2）在合同期内，承租人进行或预期进行重大租赁资产改良的，在可行使续租选择权、终止租赁选择权或者购买租赁资产选择权时，预期能为承租人带来的重大经济利益。

（3）与终止租赁相关的成本。例如，谈判成本、搬迁成本、寻找与选择适合承租人需求的替代资产所发生的成本、将新资产融入运营所发生的整合成本、终止租赁的罚款、将租赁资产恢复至租赁条款约定状态的成本、将租赁资产归还至租赁条款约定地点的成本等。

（4）租赁资产对承租人运营的重要程度。例如，租赁资产是否为一项专门资产，租赁资产位于何地以及是否可获得合适的替换资产等。

（5）与行使选择权相关的条件及满足相关条件的可能性。例如，租赁条款约定仅在满足一项或多项条件时方可行使选择权，此时还应考虑相关条件及满足相关条件的可能性。

租赁的不可撤销期间的长短会影响对承租人是否合理确定将行使或不行使选择权的评估。通常，租赁的不可撤销期间越短，承租人行使续租选择权或不行使终止租赁选择权的可能性就越大，原因在于不可撤销期间越短，获取替代资产的相对成本就越高。此外，评估承租人是否合理确定将行使或不行使选择权时，如果承租人以往曾经使用过特定类型的租赁资产或自有资产，则可以参考承租人使用该类资产的通常期限及原因。例如，承租人通常在特定时期内使用某类资产，或承租人时常对某类租赁资产行使选择权，则承租人应考虑以往这些做法的原因，以评估是否合理确定将对此类租赁资产行使选择权。

续租选择权或终止租赁选择权可能与租赁的其他条款相结合。例如，无论承租人是否行使选择权，均保证向出租人支付基本相等的最低或固定现金，在此情形下，应假定承租人合理确定将行使续租选择权或不行使终止租赁选择权。又如，同时存在原租赁和转租赁时，转租赁期限超过原租赁期限，如原租赁包含5年的不可撤销期间和2年的续租选择权，而转租赁的不可撤销期限为7年，此时应考虑转租赁期限及相关租赁条款对续租选择权评估的可能影响。

购买选择权的评估方式应与续租选择权或终止租赁选择权的评估方式相同，购买选择权在经济上与将租赁期延长至租赁资产全部剩余经济寿命的续租选择权类似。

【例19】 承租人签订了一份设备租赁合同，包括4年不可撤销期限和2年期固定价格续租选择权，续租选择权期间的合同条款和条件与市价接近，没有终止罚款或其他因素表明承租人合理确定将行使续租选择权。因此，在租赁期开始日，确定租赁期为4年。

【例20】 承租人签订了一份建筑租赁合同，包括4年不可撤销期限和2年按照市价行使的续租选择权。在搬入该建筑之前，承租人花费了大量资金对租赁建筑进行了改良，预计在4年结束时租赁资产改良仍将具有重大价值，且该价值仅可通过继续使用租赁资产实现。

分析：在此情况下，承租人合理确定将行使续租选择权，因为如果在4年结束时放弃该租赁资产改良，将蒙受重大经济损失。因此，在租赁开始时，承租人确定租赁期为6年。

（四）对租赁期和购买选择权的重新评估

本准则规定，发生承租人可控范围内的重大事件或变化，且影响承租人是否合理确定将行使相应选择权的，承租人应当对其是否合理确定将行使续租选择权、购买选择权或不行使终止租赁选择权进行重新评估，并根据重新评估结果修改租赁期。承租人可控范围内的重大事件或变化包括但不限于下列情形：

（1）在租赁期开始日未预计到的重大租赁资产改良，在可行使续租选择权、终止租赁选择权或购买选择权时，预期将为承租人带来重大经济利益；

（2）在租赁期开始日未预计到的租赁资产的重大改动或定制化调整；

（3）承租人做出的与行使或不行使选择权直接相关的经营决策。例如，决定续租互补性资产、处置可替代的资产或处置包含相关使用权资产的业务。

如果不可撤销的租赁期间发生变化，企业应当修改租赁期。例如，在下述情况下，不可撤销的租赁期将发生变化：一是承租人实际行使了选择权，但该选择权在之前企业确定租赁期时未涵盖；二是承租人未实际行使选择权，但该选择权在之前企业确定租赁期时已涵盖；三是某些事件的发生，导致根据合同规定承租人有义务行使选择权，但该选择权在之前企业确定租赁期时未涵盖；四是某些事件的发生，导致根据合同规定禁止承租人行使选择权，但该选择权在之前企业确定租赁期时已涵盖。

七、承租人会计处理

本准则规定，在租赁期开始日，承租人应当对租赁确认使用权资产和租赁负债，应用短期租赁和低价值资产租赁简化处理的除外。

（一）租赁负债的初始计量

租赁负债应当按照租赁期开始日尚未支付的租赁付款额的现值进行初始计量。识别应纳入租赁负债的相关付款项目是计量租赁负债的关键。

1. 租赁付款额

租赁付款额，是指承租人向出租人支付的与在租赁期内使用租赁资产的权利相关的款项。

租赁付款额包括以下五项内容：

（1）固定付款额及实质固定付款额，存在租赁激励的，扣除租赁激励相关金额。

本准则中的实质固定付款额是指在形式上可能包含变量但实质上无法避免的付款额。例如：

①付款额设定为可变租赁付款额，但该可变条款几乎不可能发生，没有真正的经济实质。例如，付款额仅需在租赁资产经证实能够在租赁期间正常运行时支付，或者仅需在不可能不发生的事件发生时支付。又如，付款额初始设定为与租赁资产使用情况相关的可变付款额，但其潜在可变性将于租赁期开始日之后的某个时点消除，在可变性消除时，该类付款额成为实质固定付款额。

②承租人有多套付款额方案，但其中仅有一套是可行的。在此情况下，承租人应采用该可行的付款额方案作为租赁付款额。

③承租人有多套可行的付款额方案，但必须选择其中一套。在

此情况下，承租人应采用总折现金额最低的一套作为租赁付款额。

【例21】甲公司是一家知名零售商，从乙公司处租入已成熟开发的零售场所开设一家商店。根据租赁合同，甲公司在正常工作时间内必须经营该商店，且甲公司不得将商店闲置或进行分租。合同中关于租赁付款额的条款为：如果甲公司开设的这家商店没有发生销售，则甲公司应付的年租金为100元；如果这家商店发生了任何销售，则甲公司应付的年租金为1 000 000元。

分析：本例中，该租赁包含每年1 000 000的实质固定付款额。该金额不是取决于销售额的可变付款额。因为甲公司是一家知名零售商，根据租赁合同，甲公司应在正常工作时间内经营该商店，所以甲公司开设的这家商店不可能不发生销售。

【例22】承租人甲公司签订了一份为期5年的卡车租赁合同。合同中关于租赁付款额的条款为：如果该卡车在某月份的行驶里程不超过1万公里，则该月应付的租金为10 000元；如果该卡车在某月份的行驶里程超过1万公里但不超过2万公里，则该月应付的租金为16 000元；该卡车1个月内的行驶里程最高不能超过2万公里，否则承租人需支付巨额罚款。

分析：本例中，租赁付款额中包含基于使用情况的可变性，且在某些月份里确实可避免支付较高租金，然而，月付款额10 000元是不可避免的。因此，月付款额10 000元属于实质固定付款额，应被纳入租赁负债的初始计量中。

【例23】承租人甲公司租入一台预计使用寿命为5年的机器。不可撤销的租赁期为3年。在第3年末，甲公司必须以20 000元购买该机器，或者必须将租赁期延长2年，如延长，则在续租期内每年末支付10 500元。

分析：甲公司在租赁期开始时评估认为，不能合理确定在第3年末将是购买该机器，还是将租赁期延长2年。如果甲公司单独考虑购买选择权或续租选择权，那么在租赁期开始时，购买选择权的行权价格与续租期内的应付租金都不会纳入到租赁负债中。然而，该安排在第3年末包含一项实质固定付款额。这是因为，甲公司必须行使上述两种选择权中的其中一个，且不论在哪种选择权下，甲公司都必须进行付款。因而在该安排中，实质固定付款额的金额是下述两项金额中的较低者：购买选择权的行权价格（20 000元）的现值与续租期内付款额（每年末支付10 500元）的现值。

租赁激励，是指出租人为达成租赁向承租人提供的优惠，包括出租人向承租人支付的与租赁有关的款项、出租人为承租人偿付或承担的成本等。存在租赁激励的，承租人在确定租赁付款额时，应扣除租赁激励相关金额。

（2）取决于指数或比率的可变租赁付款额。

可变租赁付款额，是指承租人为取得在租赁期内使用租赁资产的权利，而向出租人支付的因租赁期开始日后的事实或情况发生变化（而非时间推移）而变动的款项。可变租赁付款额可能与下列各项指标或情况挂钩：

①由于市场比率或指数数值变动导致的价格变动。例如，基准利率或消费者价格指数变动可能导致租赁付款额调整。

②承租人源自租赁资产的绩效。例如，零售业不动产租赁可能会要求基于使用该不动产取得的销售收入的一定比例确定租赁付款额。

③租赁资产的使用。例如，车辆租赁可能要求承租人在超过特定里程数时支付额外的租赁付款额。

需要注意的是，可变租赁付款额中，仅取决于指数或比率的可变租赁付款额纳入租赁负债的初始计量中，包括与消费者价格指数挂钩的款项、与基准利率挂钩的款项和为反映市场租金费率变化而变动的款项等。此类可变租赁付款额应当根据租赁期开始日的指数或比率确定。除了取决于指数或比率的可变租赁付款额之外，其他可变租赁付款额均不纳入租赁负债的初始计量中。

【例24】 承租人甲公司签订了一项为期10年的不动产租赁合同，每年的租赁付款额为50 000元，于每年年初支付。合同规定，租赁付款额在租赁期开始日后每两年基于过去24个月消费者价格指数的上涨进行上调。租赁期开始日的消费者价格指数为125。

分析：甲公司在初始计量租赁负债时，应基于租赁期开始日的消费者物价指数确定租赁付款额，无需对后续年度因消费者物价指数而导致的租金变动作出估计。因此，在租赁期开始日，甲公司应以每年50 000元的租赁付款额为基础计量租赁负债。

（3）购买选择权的行权价格，前提是承租人合理确定将行使该选择权。

在租赁期开始日，承租人应评估是否合理确定将行使购买标的资产的选择权。在评估时，承租人应考虑对其行使或不行使购买选择权产生经济激励的所有相关事实和情况。如果承租人合理确定将行使购买标的资产的选择权，则租赁付款额中应包含购买选择权的行权价格。

【例25】 承租人甲公司与出租人乙公司签订了一份不可撤销的5年期设备租赁合同。合同规定，甲公司可以选择在租赁期结束时以5 000元购买这台设备。已知该设备应用于不断更新、迅速变化的科技领域，租赁期结束时其公允价值可能出现大幅波动，估计在4 000元至9 000元之间，在5年租赁期内可能会有更好的替代产品出现。

分析：在租赁期开始日，甲公司对于其是否将行使购买选择权的经济动机作出全面评估，并最终认为不能合理确定将行使购买选择权。该评估包括：租赁期结束时该设备公允价值的重大波动性，以及在租赁期间内可能出现更好替代产品的可能性等。评估甲公司是否合理确定将行使购买选择权可能涉及重大判断。假设甲公司租赁设备时，约定更短的租赁期限（例如，1 年或 2 年）或设备所处环境不同（例如，租赁设备并非应用于不断更新的科技领域，而是应用于相对稳定的行业，并且其未来的公允价值能够可靠预测和估计），则甲公司是否行使购买选择权的判断可能不同。

（4）行使终止租赁选择权需支付的款项，前提是租赁期反映出承租人将行使终止租赁选择权。

在租赁期开始日，承租人应评估是否合理确定将行使终止租赁的选择权。在评估时，承租人应考虑对其行使或不行使终止租赁选择权产生经济激励的所有相关事实和情况。如果承租人合理确定将行使终止租赁选择权，则租赁付款额中应包含行使终止租赁选择权需支付的款项，并且租赁期不应包含终止租赁选择权涵盖的期间。

【例 26】 承租人甲公司租入某办公楼的一层楼，为期 10 年。甲公司有权选择在第 5 年后提前终止租赁，并以相当于 6 个月的租金作为罚金。每年的租赁付款额为固定金额 120 000 元。该办公楼是全新的，并且在周边商业园区的办公楼中处于技术领先水平。上述租赁付款额与市场租金水平相符。

分析：在租赁期开始日，甲公司评估后认为，6 个月的租金对于甲公司而言金额重大，同等条件下，也难以按更优惠的价格租入其他办公楼，可以合理确定不会选择提前终止租赁，因此其租赁负债不应包括提前终止租赁时需支付的罚金，租赁期确定为 10 年。

（5）根据承租人提供的担保余值预计应支付的款项。

担保余值，是指与出租人无关的一方向出租人提供担保，保证在租赁结束时租赁资产的价值至少为某指定的金额。如果承租人提供了对余值的担保，则租赁付款额应包含该担保下预计应支付的款项，它反映了承租人预计将支付的金额，而不是承租人担保余值下的最大敞口。

【例 27】 承租人甲公司与出租人乙公司签订了汽车租赁合同，租赁期为5年。合同中就担保余值的规定为：如果标的汽车在租赁期结束时的公允价值低于40 000元，则甲公司需向乙公司支付40 000元与汽车公允价值之间的差额，因此，甲公司在该担保余值下的最大敞口为40 000元。

分析：在租赁期开始日，甲公司预计标的汽车在租赁期结束时的公允价值为40 000元，即，甲公司预计在担保余值下将支付的金额为零。因此，甲公司在计算租赁负债时，与担保余值相关的付款额为零。

2. 折现率

租赁负债应当按照租赁期开始日尚未支付的租赁付款额的现值进行初始计量。在计算租赁付款额的现值时，承租人应当采用租赁内含利率作为折现率；无法确定租赁内含利率的，应当采用承租人增量借款利率作为折现率。

租赁内含利率，是指使出租人的租赁收款额的现值与未担保余值的现值之和等于租赁资产公允价值与出租人的初始直接费用之和的利率。

其中，未担保余值，是指租赁资产余值中，出租人无法保证能够实现或仅由与出租人有关的一方予以担保的部分。

初始直接费用，是指为达成租赁所发生的增量成本。增量成本是指若企业不取得该租赁，则不会发生的成本，如佣金、印花税等。无论是否实际取得租赁都会发生的支出，不属于初始直接费用，例如为评估是否签订租赁而发生的差旅费、法律费用等，此类费用应当在发生时计入当期损益。

【例28】 承租人甲公司与出租人乙公司签订了一份车辆租赁合同，租赁期为5年。在租赁开始日，该车辆的公允价值为100 000元，乙公司预计在租赁结束时其公允价值（即未担保余值）将为10 000元。租赁付款额为每年23 000元，于年末支付。乙公司发生的初始直接费用为5 000元。乙公司计算租赁内含利率r的方法如下：

$$23\ 000\times(P/A,\ r,\ 5)+10\ 000\times(P/F,\ r,\ 5)=100\ 000+5\ 000$$

本例中，计算得出的租赁内含利率r为5.79%。

承租人增量借款利率，是指承租人在类似经济环境下为获得与使用权资产价值接近的资产，在类似期间以类似抵押条件借入资金须支付的利率。该利率与下列事项相关：（1）承租人自身情况，即承租人的偿债能力和信用状况；（2）“借款”的期限，即租赁期；（3）“借入”资金的金额，即租赁负债的金额；（4）“抵押条件”，即租赁资产的性质和质量；（5）经济环境，包括承租人所处的司法管辖区、计价货币、合同签订时间等。

在具体操作时，承租人可以先根据所处经济环境，以可观察的利率作为确定增量借款利率的参考基础，然后根据承租人自身情况、标的资产情况、租赁期和租赁负债金额等租赁业务具体情况对参考基础进行调整，得出适用的承租人增量借款利率。企业应当对确定承租人增量借款利率的依据和过程做好记录。

实务中，承租人增量借款利率常见的参考基础包括承租人同期银行贷款利率、相关租赁合同利率、承租人最近一期类似资产抵押贷款利率、与承租人信用状况相似的企业发行的同期债券利率等，但承租人还需根据上述事项在参考基础上相应进行调整。

【例29】2×19年1月1日，承租人甲公司签订了一份为期10年的不动产租赁协议，并拥有5年的续租选择权。每年的租赁付款额固定为人民币900 000元，于每年年末支付。

在租赁期开始日，甲公司评估后认为，不能合理确定将行使续租选择权，因此将租赁期确定为10年。甲公司无法确定租赁内含利率，需采用增量借款利率作为折现率来计算租赁付款额的现值。

甲公司现有的借款包括：

①一笔为期6个月的短期借款，金额为500 000元，借款起始日

为2×18年10月1日，到期日为2×19年3月31日，利率为4.0%，每季末支付利息，到期时一次性偿还本金，无任何抵押；

②一笔为期15年的债券，金额为50 000 000元，发行日为2×17年1月1日，到期日为2×31年12月31日，票面利率为9.0%，每年末支付利息，到期时一次性偿还本金，无任何抵押。

分析：为确定该租赁的增量借款利率，甲公司需要找到类似期限（即租赁期10年）、类似抵押条件（即以租赁资产作为抵押）、类似经济环境下（例如，借入时点是租赁期开始日，偿付方式是每年等额偿付900 000元，10年后拥有与续租权类似的借款选择权），借入与使用权资产价值接近的资金（即人民币9 000 000元）须支付的固定利率。由于无法直接获取满足上述全部条件的利率，甲公司以其现有的借款利率以及市场可参考信息（如，相同期限的国债利率等）作为基础，估计该租赁的增量借款利率。

以可观察的借款利率作为参考基础确定增量借款利率时，通常需要考虑的调整事项包括但不限于：

- 本息偿付方式不同，例如，作为参考基础的借款是每年付息且到期一次性偿还本金，而不是每年等额偿付本息；
- 借款金额不同，例如，作为参考基础的借款金额远高于租赁负债；
- 借款期限不同，例如，作为参考基础的借款短于或长于租赁期；
- 抵押、担保情况不同，例如，作为参考基础的借款为无抵押借款；
- 资金借入时间的不同，例如，作为参考基础的债券是2年前发行的，而市场利率水平在2年内发生了较大变化；
- 提前偿付或其他选择权的影响；
- 借款币种不同，例如，作为参考基础的借款为人民币借款，但租赁付款额的币种为美元。

情形一：甲公司发行的债券有公开市场

当甲公司发行的债券有公开市场时，通常需考虑该债券的市场价格及市场利率，因为其反映了甲公司的现有信用状况以及债权投资者所要求的现时回报率。甲公司结合其自身情况判断后认为，以自己发行的15年期债券利率作为估计增量借款利率的起点最为恰当。

甲公司在15年期债券利率的基础上，执行了如下步骤，以确定该租赁的增量借款利率：

第一步，确定15年期债券的市场利率。甲公司根据该债券的市场价格和剩余13年的还款情况（即，每年末根据票面利率支付利息、到期一次性偿还本金），计算该债券的市场利率。该市场利率反映了甲公司的现有信用状况以及债权投资者所要求的现时回报率，甲公司无需因该债券的发行时间（即2年前）而进行额外调整。

第二步，调整借款金额的不同。15年期债券的金额为50 000 000元，租赁付款总额为9 000 000。甲公司根据估计日市场情况考虑上述借款金额的不同是否影响借款利率并相应进行调整。

第三步，调整本息偿付方式的不同。该租赁是每年支付固定的租赁付款额，而15年期债券是每年末付息并到期一次性偿还本金。甲公司应考虑该事项对借款利率的影响并作相应调整。

第四步，调整借款期间的不同。该租赁的租赁期为10年，而15年期债券的剩余期间为13年。甲公司应考虑该事项对借款利率的影响并作相应调整。

第五步，调整抵押情况的不同。在确定增量借款利率时，租赁合同视为以租赁资产作为抵押而获得借款，而15年期债券无任何抵押。甲公司应考虑该事项对借款利率的影响并作相应调整。

情形二：甲公司发行的债券没有公开市场

当甲公司发行的债券没有公开市场、但甲公司存在可观察的信用评级时，可考虑以与甲公司信用评级相同的企业所发行的公开交易的债券利率为基础，确定上述第一步的参考利率。

当甲公司发行的债券没有公开市场、且甲公司没有可观察的信用评级时，在市场利率水平和甲公司信用状况在债券发行日至增量借款利率估计日期间没有发生重大变化的情况下，可考虑以该15年期债券发行时的实际利率为基础，作为估计增量借款利率的起点。

确定参考利率后，将其调整为增量借款利率的步骤与情形一基本相同。

情形三：甲公司没有任何借款

当甲公司没有任何借款时，可考虑通过银行询价的方式获取同期借款利率，并进行适当调整后确定其增量借款利率；或者，可考虑聘用第三方评级机构获取其信用评级，参考情形一下的方法确定其增量借款利率。

（二）使用权资产的初始计量

使用权资产，是指承租人可在租赁期内使用租赁资产的权利。在租赁期开始日，承租人应当按照成本对使用权资产进行初始计量。该成本包括下列四项：

（1）租赁负债的初始计量金额。

（2）在租赁期开始日或之前支付的租赁付款额；存在租赁激励的，应扣除已享受的租赁激励相关金额。

（3）承租人发生的初始直接费用。

（4）承租人为拆卸及移除租赁资产、复原租赁资产所在场地或将租赁资产恢复至租赁条款约定状态预计将发生的成本。前述成本属于为生产存货而发生的，适用《企业会计准则第1号——存货》。

关于上述第4项成本，承租人有可能在租赁期开始日就承担了上述成本的支付义务，也可能在特定期间内因使用标的资产而承担了相关义务。承租人应在其有义务承担上述成本时，将这些成本确认为使用权资产成本的一部分。但是，承租人由于在特定期间内将使用权资产用于生产存货而发生的上述成本，应按照《企业会计准则第1号——存货》进行会计处理。承租人应当按照《企业会计准则第13号——或有事项》对上述成本的支付义务进行确认和计量。

在某些情况下，承租人可能在租赁期开始前就发生了与标的资产相关的经济业务或事项。例如：租赁合同双方经协商在租赁合同中约定，标的资产需经建造或重新设计后方可供承租人使用；根据合同条款与条件，承租人需支付与资产建造或设计相关的成本。承租人如发生与标的资产建造或设计相关的成本，应适用其他相关准则（如《企业会计准则第4号——固定资产》）进行会计处理。同时，需要注意的是与标的资产建造或设计相关的成本不包括承租人为获取标的资产使用权而支付的款项，此类款项无论在何时支付，均属于租赁付款额。

【例30】承租人甲公司就某栋建筑物的某一层楼与出租人乙公司签订了为期10年的租赁协议，并拥有5年的续租选择权。有关资料如下：（1）初始租赁期内的不含税租金为每年50 000元，续租期间为每年55 000元，所有款项应于每年年初支付；（2）为获得该项租赁，甲公司发生的初始直接费用为20 000元，其中，15 000元为向该楼层前任租户支付的款项，5 000元为向促成此租赁交易的房地产中介支付的佣金；（3）作为对甲公司的激励，乙公司同意补偿甲公司5 000元的佣金；（4）在租赁期开始日，甲公司评估后认为，不能合理确定将行使续租选择权，因此，将租赁期确定为10年；（5）甲公司无法确定租赁内含利率，其增量借款利率为每年5%，该利率反映的是甲公司以类似抵押条件借入期限为10年、与使用权资产等值的相同币种的借款而必须支付的利率。

为简化处理，假设不考虑相关税费影响。

分析：承租人甲公司的会计处理如下：

第一步，计算租赁期开始日租赁付款额的现值，并确认租赁负债和使用权资产。

在租赁期开始日，甲公司支付第1年的租金50 000元，并以剩余9年租金（每年50 000元）按5%的年利率折现后的现值计量租赁负债。计算租赁付款额现值的过程如下：

剩余9期租赁付款额＝50 000×9＝450 000（元）

租赁负债＝剩余9期租赁付款额的现值＝50 000×(P/A，5%，9)＝355 391（元）

未确认融资费用＝剩余9期租赁付款额－剩余9期租赁付款额的现值＝450 000－355 391＝94 609（元）

借：使用权资产　405 391
　　租赁负债——未确认融资费用　94 609
　　贷：租赁负债——租赁付款额　450 000
　　　　银行存款（第1年的租赁付款额）　50 000

第二步，将初始直接费用计入使用权资产的初始成本。

借：使用权资产　20 000
　　贷：银行存款　20 000

第三步，将已收的租赁激励相关金额从使用权资产入账价值中扣除。

借：银行存款　5 000
　　贷：使用权资产　5 000

综上，甲公司使用权资产的初始成本为：405 391＋20 000－5 000＝420 391（元）。

（三）租赁负债的后续计量

1. 计量基础

在租赁期开始日后，承租人应当按以下原则对租赁负债进行后续计量：

（1）确认租赁负债的利息时，增加租赁负债的账面金额；

（2）支付租赁付款额时，减少租赁负债的账面金额；

（3）因重估或租赁变更等原因导致租赁付款额发生变动时，重新计量租赁负债的账面价值。

承租人应当按照固定的周期性利率计算租赁负债在租赁期内各期间的利息费用，并计入当期损益，但按照《企业会计准则第17号——借款费用》等其他准则规定应当计入相关资产成本的，从其规定。

此处的周期性利率，是指承租人对租赁负债进行初始计量时所采用的折现率，或者因租赁付款额发生变动或因租赁变更而需按照修订后的折现率对租赁负债进行重新计量时，承租人所采用的修订后的折现率。

【例31】 承租人甲公司与出租人乙公司签订了为期7年的商铺租赁合同。每年的租赁付款额为450 000元，在每年年末支付。甲公司无法确定租赁内含利率，其增量借款利率为5.04%。

分析：在租赁期开始日，甲公司按租赁付款额的现值所确认的租赁负债为2 600 000元。在第1年年末，甲公司向乙公司支付第一年的租赁付款额450 000元，其中，131 040元（即，2 600 000 × 5.04%）是当年的利息，318 960元（即，450 000 − 131 040）是本金，即租赁负债的账面价值减少318 960元。甲公司的账务处理为：

借：租赁负债——租赁付款额　　450 000

　　贷：银行存款　　450 000

借：财务费用——利息费用　　131 040

　　贷：租赁负债——未确认融资费用　　131 040

未纳入租赁负债计量的可变租赁付款额，即，并非取决于指数或比率的可变租赁付款额，应当在实际发生时计入当期损益，但按照《企业会计准则第1号——存货》等其他准则规定应当计入相关资产成本的，从其规定。

【例32】沿用〖例31〗，除固定付款额外，合同还规定租赁期间甲公司商铺当年销售额超过1 000 000元的，当年应再支付按销售额的2%计算的租金，于当年年末支付。

分析：由于该可变租赁付款额与未来的销售额挂钩，而并非是取决于指数或比率的，因此不应被纳入租赁负债的初始计量中。假设在租赁的第3年，该商铺的销售额为1 500 000元。甲公司第3年年末应支付的可变租赁付款额为30 000元（即，1 500 000×2%），在实际发生时计入当期损益。甲公司的账务处理为：

借：营业成本（或销售费用）　　30 000

　　贷：银行存款等　　30 000

2. 租赁负债的重新计量

在租赁期开始日后，当发生下列四种情形时，承租人应当按照变动后的租赁付款额的现值重新计量租赁负债，并相应调整使用权资产的账面价值。使用权资产的账面价值已调减至零，但租赁负债仍需进一步调减的，承租人应当将剩余金额计入当期损益。

（1）实质固定付款额发生变动。

如果租赁付款额最初是可变的，但在租赁期开始日后的某一时点转为固定，那么，在潜在可变性消除时，该付款额成为实质固定付款额，应纳入租赁负债的计量中。承租人应当按照变动后租赁付款额的现值重新计量租赁负债。在该情形下，承租人采用的折现率不变，即，采用租赁期开始日确定的折现率。

【例33】承租人甲公司签订了一份为期10年的机器租赁合同。租金于每年年末支付，并按以下方式确定：第1年，租金是可变的，根据该机器在第1年下半年的实际产能确定；第2至10年，每年的租金根据该机器在第1年下半年的实际产能确定，即，租金将在第1

年年末转变为固定付款额。在租赁期开始日，甲公司无法确定租赁内含利率，其增量借款利率为5%。假设在第1年年末，根据该机器在第1年下半年的实际产能所确定的租赁付款额为每年20 000元。

分析：本例中，在租赁期开始时，由于未来的租金尚不确定，因此甲公司的租赁负债为零。在第1年年末，租金的潜在可变性消除，成为实质固定付款额（即每年20 000元），因此甲公司应基于变动后的租赁付款额重新计量租赁负债，并采用不变的折现率（即5%）进行折现。在支付第1年的租金之后，甲公司后续年度需支付的租赁付款额为180 000元（即，20 000×9），租赁付款额在第1年末的现值为142 156元［即，20 000×(P/A，5%，9)］，未确认融资费用为37 844元（即，180 000－142 156）。甲公司在第1年末的相关账务处理如下：

支付第一年租金：

借：制造费用等　　　　　　　　　　20 000

　　贷：银行存款　　　　　　　　　　　　20 000

确认使用权资产和租赁负债：

借：使用权资产　　　　　　　　　　142 156

　　租赁负债——未确认融资费用　　　37 844

　　贷：租赁负债——租赁付款额　　　　　180 000

（2）担保余值预计的应付金额发生变动。

在租赁期开始日后，承租人应对其在担保余值下预计支付的金额进行估计。该金额发生变动的，承租人应当按照变动后租赁付款额的现值重新计量租赁负债。在该情形下，承租人采用的折现率不变。

【例34】 沿用〖例27〗，在租赁期开始日后，承租人甲公司对该汽车在租赁期结束时的公允价值进行监测。假设在第1年年末，甲公司预计该汽车在租赁期结束时的公允价值为30 000元。那么，甲公司应将该担保余值下预计应付的金额10 000元（即，40 000－30 000）

纳入租赁付款额，并使用不变的折现率来重新计量租赁负债。

（3）用于确定租赁付款额的指数或比率发生变动。

在租赁期开始日后，因浮动利率的变动而导致未来租赁付款额发生变动的，承租人应当按照变动后租赁付款额的现值重新计量租赁负债。在该情形下，承租人应采用反映利率变动的修订后的折现率进行折现。

在租赁期开始日后，因用于确定租赁付款额的指数或比率（浮动利率除外）的变动而导致未来租赁付款额发生变动的，承租人应当按照变动后租赁付款额的现值重新计量租赁负债。在该情形下，承租人采用的折现率不变。

需要得注意的是，仅当现金流量发生变动时，即租赁付款额的变动生效时，承租人才应重新计量租赁负债，以反映变动后的租赁付款额。承租人应基于变动后的合同付款额，确定剩余租赁期内的租赁付款额。

【例35】 沿用〖例24〗，假设在租赁第3年年初的消费者价格指数为135，甲公司在租赁期开始日采用的折现率为5%。在第3年年初，在对因消费者价格指数变化而导致未来租赁付款额的变动进行会计处理以及支付第3年的租赁付款额之前，租赁负债为339 320元［即，50 000＋50 000×（P/A，5%，7）］。经消费者价格指数调整后的第3年租赁付款额为54 000元（即，50 000×135÷125）。

分析：本例中，因用于确定租赁付款额的消费者价格指数的变动，而导致未来租赁付款额发生变动，甲公司应当于第3年年初重新计量租赁负债，以反映变动后的租赁付款额，即租赁负债应当以每年54 000元的租赁付款额（剩余8笔）为基础进行重新计量。在第3年年初，甲公司按以下金额重新计量租赁负债：每年54 000元的租赁付款额按不变的折现率（即5%）进行折现，为366 466元［即，54 000＋54 000×（P/A，5%，7）］。因此，甲公司的租赁负债将增加27 146元，即重新计量后的租赁负债（366 466元）与重新计量前的租赁负债（339 320元）之间的差额。不考虑其他因素，甲公司相关账务处理如下。

借：使用权资产　　27 146

　　租赁负债——未确认融资费用　　4 854

　　贷：租赁负债——租赁付款额　　32 000

（4）购买选择权、续租选择权或终止租赁选择权的评估结果或实际行使情况发生变化。

租赁期开始日后，发生下列情形的，承租人应采用修订后的折现率对变动后的租赁付款额进行折现，以重新计量租赁负债：

①发生承租人可控范围内的重大事件或变化，且影响承租人是否合理确定将行使续租选择权或终止租赁选择权的，承租人应当对其是否合理确定将行使相应选择权进行重新评估。上述选择权的评估结果发生变化的，承租人应当根据新的评估结果重新确定租赁期和租赁付款额。前述选择权的实际行使情况与原评估结果不一致等导致租赁期变化的，也应当根据新的租赁期重新确定租赁付款额。

②发生承租人可控范围内的重大事件或变化，且影响承租人是否合理确定将行使购买选择权的，承租人应当对其是否合理确定将行使购买选择权进行重新评估。评估结果发生变化的，承租人应根据新的评估结果重新确定租赁付款额。

上述两种情形下，承租人在计算变动后租赁付款额的现值时，应当采用剩余租赁期间的租赁内含利率作为折现率；无法确定剩余租赁期间的租赁内含利率的，应当采用重估日的承租人增量借款利率作为折现率。

【例36】 承租人甲公司与出租人乙公司签订了一份为期5年的设备租赁合同。甲公司计划开发自有设备以替代租赁资产，自有设备计划在5年内投入使用。甲公司拥有在租赁期结束时以5 000元购买该设备的选择权。每年的租赁付款额固定为10 000元，于每年年末支付。甲公司无法确定租赁内含利率，其增量借款利率为5%。在租赁期开始日，甲公司对行使购买选择权的可能性进行评估后认为，不能合理确定将行使购买选择权。这是因为，甲公司计划开发自有设备，继而在租赁期结束时替代租赁资产。

分析：在租赁期开始日，甲公司确认的租赁负债为43 300元，即43 300 = 10 000 × (P/A，5%，5)。租赁负债将按以下方法摊销（如表2所示）：

表2　　单位：元

年度	租赁负债年初金额	利息	租赁付款额	租赁负债年末金额
	①	② = ① × 5%	③	④ = ① + ② − ③
1	43 300 *	2 165	10 000	35 465
2	35 465	1 773	10 000	27 238
3	27 238	1 362	10 000	18 600
4	18 600	930	10 000	9 530
5	9 530	470 **	10 000	—

注：* 为便于计算，本题中，年金现值系数取两位小数。
** 第5年的利息费用470 = 10 000 − 9 530。

假设在第3年年末，甲公司作出削减开发项目的战略决定，包括上述替代设备的开发。该决定在甲公司的可控范围内，并影响其是否合理确定将行使购买选择权。此外，甲公司预计该设备在租赁期结束时的公允价值为20 000元。甲公司重新评估其行使购买选择权的可能性后认为，其合理确定将行使该购买选择权。原因是：在租赁期结束时不大可能有可用的替代设备，并且该设备在租赁期结束时的预期市场价值（20 000元）远高于行权价格（5 000元）。因此，甲公司应在第3年年末将购买选择权的行权价格纳入租赁付款额中。假设甲公司无法确定剩余租赁期间的租赁内含利率，其第3年年末的增量借款利率为5.5%。在第3年年末，甲公司重新计量租赁负债以涵盖购买选择权的行权价格，并采用修订后的折现率5.5%进行折现。重新计量后的租赁负债（支付前3年的付款额后）为22 960元，即22 960 = 10 000 ×（P/F，5.5%，1）+（10 000 + 5 000）×（P/F，5.5%，2）。此后，租赁负债将按表3所述方法进行后续计量：

表3 单位：元

年度	租赁负债年初金额	利息	租赁付款额	租赁负债年末金额
	①	② = ① × 5.5%	③	④ = ① + ② − ③
4	22 960	1 263	10 000	14 223
5	14 223	777 *	15 000	—

注：* 第5年的利息费用777 = 10 000 + 5 000 − 14 223（行权价格）

【例37】承租人甲公司租入一层办公楼，为期10年，并拥有可续租5年的选择权。初始租赁期间（即10年）的租赁付款额为每年50 000元，可选续租期间（即5年）的租赁付款额为每年55 000元，均在每年年初支付。在租赁期开始日，甲公司评估后认为，不能合理确定将会行使续租选择权，因此确定租赁期为10年。甲公司无法确定租赁内含利率，其增量借款利率为5%。在租赁期开始日，甲公司支付第1年的租赁付款额50 000元，并确认租赁负债355 390元，即355 390 = 50 000 ×（P/A，5%，9）。在第5至6年，甲公司的业务显著增长，其日益壮大的人员规模意味着需要扩租办公楼。为了最大限度降低成本，甲公司额外签订了一份为期8年、在同一办公楼内其他楼层的租赁合同，在第7年年初起租。

分析：将扩张的人员安置到在同一办公楼内其他楼层的决定，在甲公司的可控范围内，并影响其是否合理确定将行使现有租赁合同下的续租选择权。如果在其他办公楼中租入一个类似的楼层，甲公司可能会产生额外的费用，因为其人员将处于两栋不同的办公楼中，而将全部人员搬迁到其他办公楼的费用可能会更高。在第6年年末，甲公司重新评估后认为，其合理确定将行使现有租赁合同下的续租选择权，因此该租赁的租赁期由10年变为15年。在对租赁期的变化进行会计处理前，即基于10年租赁期时，甲公司在第6年年末的租赁负债（支付前6年的付款额后）为186 160元，即186 160 = 50 000 + 50 000 ×（P/A，5%，3）。

在第6年年末，甲公司重新评估后的租赁期为15年，因此应将剩余租赁期（第7至15年）内的租赁付款额（共9笔）纳入租赁负债，并采用修订后的折现率进行折现。假设甲公司无法确定剩余租赁期间的租赁内含利率，其第6年末的增量借款利率为4.5%。因此，甲公司重新计量后的租赁负债为399 030元，即399 030 = 50 000 + 50 000 ×（P/A，4.5%，3）+ 55 000 ×（P/A，4.5%，5）×（P/F，4.5%，3）。

【例38】 承租人甲公司与出租人乙公司签订为期5年的库房租赁合同，每年年末支付固定租金10 000元。甲公司拥有在租赁期结束时以300 000元购买该库房的选择权。在租赁期开始日，甲公司评估后认为，不能合理确定将行使该购买选择权。

第3年年末，该库房所在地房价显著上涨，甲公司预计租赁期结束时该库房的市价为600 000元，甲公司重新评估后认为，能够合理确定将行使该购买选择权。

分析：该库房所在地区的房价上涨属于市场情况发生的变化，不在甲公司的可控范围内。因此，虽然该事项导致购买选择权的评估结果发生变化，但甲公司不应在第3年年末重新计量租赁负债。

然而，如果甲公司在第3年年末不可撤销地通知乙公司，其将在第5年末行使购买选择权，则属于购买选择权实际行使情况发生了变化，甲公司需要在第3年年末按修订后的折现率对变动后的租赁付款额进行折现，重新计量租赁负债。

【例39】承租人甲公司与出租人乙公司签订了一份办公楼租赁合同，每年的租赁付款额为50 000元，于每年年末支付。甲公司无法确定租赁内含利率，其增量借款利率为5%。

不可撤销租赁期为5年，并且合同约定在第5年年末，甲公司有权选择以每年50 000元续租5年，也有权选择以1 000 000元购买该房产。甲公司在租赁期开始时评估认为，可以合理确定将行使续租选择权，而不会行使购买选择权，因此将租赁期确定为10年。

分析：在租赁期开始日，甲公司确认的租赁负债和使用权资产为386 000元，即，50 000×（P/A，5%，10）=386 000（元）。租赁负债将按表4所述方法进行后续计量：

表4 单位：元

年度	租赁负债年初金额	利息	租赁付款额	租赁负债年末金额
	①	②=①×5%	③	④=①+②-③
1	386 000*	19 300	50 000	355 300
2	355 300	17 765	50 000	323 065
3	323 065	16 155	50 000	289 255
4	289 255	14 465	50 000	253 765
5	253 765	12 690	50 000	216 490
6	216 490	10 825	50 000	177 325
7	177 325	8 865	50 000	136 165
8	136 165	6 810	50 000	93 010
9	93 010	4 650	50 000	47 650
10	47 650	2 350	50 000	—

注：*为便于计算，本题中，年金现值系数取两位小数。

在租赁期开始日，甲公司的账务处理为：

借：使用权资产　　386 000

　　租赁负债——未确认融资费用

　　　　（500 000－386 000）114 000

贷：租赁负债——租赁付款额　　500 000

在第4年，该房产所在地房价显著上涨，甲公司预计租赁期结束时该房产的市价为2 000 000元，甲公司在第4年年末重新评估后认为，能够合理确定将行使上述购买选择权，而不会行使上述续租选择权。该房产所在地区的房价上涨属于市场情况发生的变化，不在甲公司的可控范围内。因此，虽然该事项导致购买选择权及续租选择权的评估结果发生变化，但甲公司不需重新计量租赁负债。

在第5年末，甲公司实际行使了购买选择权。截至该时点，使用权资产的原值为386 000元，累计折旧为193 000元（即，386 000 × 5/10）；支付了第5年租赁付款额之后，租赁负债的账面价值为216 490元，其中，租赁付款额为250 000元，未确认融资费用为33 510元（即，250 000 – 216 490）。甲公司行使购买选择权的会计分录为：

借：固定资产——办公楼　　976 510

使用权资产累计折旧　　193 000

租赁负债——租赁付款额　　250 000

贷：使用权资产　　386 000

租赁负债——未确认融资费用　　33 510

银行存款　　1 000 000

（四）使用权资产的后续计量

1. 计量基础

在租赁期开始日后，承租人应当采用成本模式对使用权资产进行后续计量，即，以成本减累计折旧及累计减值损失计量使用权资产。

承租人按照本准则有关规定重新计量租赁负债的，应当相应调整使用权资产的账面价值。

2. 使用权资产的折旧

承租人应当参照《企业会计准则第4号——固定资产》有关折旧规定，自租赁期开始日起对使用权资产计提折旧。使用权资产通常应自租赁期开始的当月计提折旧，当月计提确有困难的，为便于实务操作，企业也可以选择自租赁期开始的下月计提折旧，但应对同类使用权资产采取相同的折旧政策。计提的折旧金额应根据使用权资产的用途，计入相关资产的成本或者当期损益。

承租人在确定使用权资产的折旧方法时，应当根据与使用权资产有关的经济利益的预期实现方式做出决定。通常，承租人按直线法对使用权资产计提折旧，其他折旧方法更能反映使用权资产有关经济利益预期实现方式的，应采用其他折旧方法。

承租人在确定使用权资产的折旧年限时，应遵循以下原则：承租人能够合理确定租赁期届满时取得租赁资产所有权的，应当在租赁资产剩余使用寿命内计提折旧；承租人无法合理确定租赁期届满时能够取得租赁资产所有权的，应当在租赁期与租赁资产剩余使用寿命两者孰短的期间内计提折旧。如果使用权资产的剩余使用寿命短于前两者，则应在使用权资产的剩余使用寿命内计提折旧。

3. 使用权资产的减值

在租赁期开始日后，承租人应当按照《企业会计准则第8号——资产减值》的规定，确定使用权资产是否发生减值，并对已识别的减值损失进行会计处理。使用权资产发生减值的，按应减记的金额，借记“资产减值损失”科目，贷记“使用权资产减值准备”科目。使用权资产减值准备一旦计提，不得转回。承租人应当按照扣除减值损失之后的使用权资产的账面价值，进行后续折旧。

【例40】 承租人甲公司签订了一份为期10年的机器租赁合同，用于甲公司生产经营。相关使用权资产的初始账面价值为100 000元，按直线法在10年内计提折旧，年折旧费为10 000元。在第5年年末，确认该使用权资产发生的减值损失20 000元，计入当期损益。该使用权资产在减值前的账面价值为50 000元（即，100 000×5/10）。计提减值损失之后，该使用权资产的账面价值减至30 000元（即，50 000－20 000），之后每年的折旧费也相应减至6 000元（即，30 000÷5）。

企业执行本准则后，《企业会计准则第13号——或有事项》有关亏损合同的规定仅适用于采用短期租赁和低价值资产租赁简化处理方法的租赁合同以及在租赁开始日前已是亏损合同的租赁合同，不再适用于其他租赁合同。

（五）租赁变更的会计处理

租赁变更，是指原合同条款之外的租赁范围、租赁对价、租赁期限的变更，包括增加或终止一项或多项租赁资产的使用权，延长或缩短合同规定的租赁期等。租赁变更生效日，是指双方就租赁变更达成一致的日期。

1. 租赁变更作为一项单独租赁处理

租赁发生变更且同时符合下列条件的，承租人应当将该租赁变更作为一项单独租赁进行会计处理：

（1）该租赁变更通过增加一项或多项租赁资产的使用权而扩大了租赁范围或延长了租赁期限；

（2）增加的对价与租赁范围扩大部分或租赁期限延长部分的单独价格按该合同情况调整后的金额相当。

【例41】 承租人甲公司与出租人乙公司就2 000平方米的办公场所签订了一项为期10年的租赁合同。在第6年年初，甲公司和乙公司同意对原租赁合同进行变更，以扩租同一办公楼内3 000平方米的办公场所。扩租的场所于第6年第二季度末可供甲公司使用。增加的租赁对价与新增3 000平方米办公场所的当前市价（根据甲公司获取的扩租折扣进行调整后的金额）相当。扩租折扣反映了乙公司节约的成本，即，若将相同场所租赁给新租户，乙公司将会发生的额外成本（如营销成本）。

分析：在本例中，甲公司应当将该变更作为一项单独的租赁，与原来的10年期租赁分别进行会计处理。原因在于，该租赁变更通过增加3 000平方米办公场所的使用权而扩大了租赁范围，并且增加的租赁对价与新增使用权的单独价格按该合同情况调整后的金额相当。据此，在新租赁的租赁期开始日（即第6年第二季度末），甲公司确认与新增3 000平方米办公场所租赁相关的使用权资产和租赁负债。甲公司对原有2 000平方米办公场所租赁的会计处理不会因为该租赁变更而进行任何调整。

2. 租赁变更未作为一项单独租赁处理

租赁变更未作为一项单独租赁进行会计处理的，在租赁变更生效日，承租人应当按照本准则有关租赁分拆的规定对变更后合同的对价进行分摊；按照本准则有关租赁期的规定确定变更后的租赁期；并采用变更后的折现率对变更后的租赁付款额进行折现，以重新计量租赁负债。在计算变更后租赁付款额的现值时，承租人应当采用剩余租赁期间的租赁内含利率作为折现率；无法确定剩余租赁期间的租赁内含利率的，应当采用租赁变更生效日的承租人增量借款利率作为折现率。

就上述租赁负债调整的影响，承租人应区分以下情形进行会计处理：

（1）租赁变更导致租赁范围缩小或租赁期缩短的，承租人应当调减使用权资产的账面价值，以反映租赁的部分终止或完全终止。承租人应将部分终止或完全终止租赁的相关利得或损失计入当期损益。

（2）其他租赁变更，承租人应当相应调整使用权资产的账面价值。

【例42】 承租人甲公司与出租人乙公司就5 000平方米的办公场所签订了10年期的租赁合同。年租赁付款额为100 000元，在每年年末支付。甲公司无法确定租赁内含利率。在租赁期开始日，甲公司的增量借款利率为6%，相应的租赁负债和使用权资产的初始确认金额均为736 000元，即736 000 = 100 000 ×（P/A，6%，10）。在第6年年初，甲公司和乙公司同意对原租赁合同进行变更，即自第6年年初起，将原租赁场所缩减至2 500平方米。每年的租赁付款额（自第6至10年）调整为60 000元。承租人在第6年年初的增量借款利率为5%。

分析：在租赁变更生效日（即第6年年初），甲公司基于以下情况对租赁负债进行重新计量：①剩余租赁期为5年；②年付款额为60 000元；③采用修订后的折现率5%进行折现。据此，计算得出租赁变更后的租赁负债为259 770元，即259 770 = 60 000 ×（P/A，5%，5）。

甲公司应基于原使用权资产部分终止的比例（即缩减的2 500平方米占原使用权资产的50%），来确定使用权资产账面价值的调减金额。在租赁变更之前，原使用权资产的账面价值为368 000元（即，736 000 ×5/10），50%的账面价值为184 000元；原租赁负债的账面价值为421 240元［即，100 000 ×（P/A，6%，5）］，50%的账面价值为210 620元。因此，在租赁变更生效日（第6年年初），甲公司终止确认50%的原使用权资产和原租赁负债，并将租赁负债减少额与使用权资产减少额之间的差额26 620元（即，210 620 – 184 000），作为利得计入当期损益。其中，租赁负债的减少额（210 620元）包括：租赁付款额的减少额250 000元（即，100 000 ×50% ×5），以及未确认融资费用的减少额39 380元（即，250 000 – 210 620）。甲公司终止确认50%的原使用权资产和原租赁负债的账务处理为：

借：租赁负债——租赁付款额　　　　　　　　250 000
　　贷：租赁负债——未确认融资费用　　　　　　39 380
　　　　使用权资产　　　　　　　　　　　　184 000
　　　　资产处置损益　　　　　　　　　　　　26 620

此外，甲公司将剩余租赁负债（210 620 元）与变更后重新计量的租赁负债（259 770 元）之间的差额 49 150 元，相应调整使用权资产的账面价值。其中，租赁负债的增加额（49 150 元）包括两部分：租赁付款额的增加额 50 000 元［即，(60 000－100 000×50%)×5］，以及未确认融资费用的增加额 850 元（即，50 000－49 150）。甲公司调整现使用权资产价值的账务处理为：

借：使用权资产　　　　　　　　　　　　　49 150
　　租赁负债——未确认融资费用　　　　　　　850
　　贷：租赁负债——租赁付款额　　　　　　　　50 000

注：100 000×(P/A，6%，10)＝736 010（元），为便于计算，本题中，作尾数调整，取 736 000 元。

【例 43】 承租人甲公司与出租人乙公司就 5 000 平方米的办公场所签订了一项为期 10 年的租赁。年租赁付款额为 100 000 元，在每年年末支付。甲公司无法确定租赁内含利率。甲公司在租赁期开始日的增量借款利率为 6%。在第 7 年年初，甲公司和乙公司同意对原租赁合同进行变更，即，将租赁期延长 4 年。每年的租赁付款额不变（即在第 7 至 14 年的每年年末支付 100 000 元）。甲公司在第 7 年年初的增量借款利率为 7%。

分析：在租赁变更生效日（即第 7 年年初），甲公司基于下列情况对租赁负债进行重新计量：①剩余租赁期为 8 年；②年付款额为 100 000 元；③采用修订后的折现率 7% 进行折现。据此，计算得出租赁变更后的租赁负债为 597 130 元，即 597 130＝100 000×(P/A，7%，8)。租赁变更前的租赁负债为 346 510 元，即 346 510＝100 000×

（P/A，6%，4）。甲公司将变更后租赁负债的账面价值与变更前的账面价值之间的差额 250 620 元（即，597 130 – 346 510），相应调整使用权资产的账面价值。

（六）短期租赁和低价值资产租赁

本准则规定，对于短期租赁和低价值资产租赁，承租人可以选择不确认使用权资产和租赁负债。作出该选择的，承租人应当将短期租赁和低价值资产租赁的租赁付款额，在租赁期内各个期间按照直线法或其他系统合理的方法计入相关资产成本或当期损益。其他系统合理的方法能够更好地反映承租人的受益模式的，承租人应当采用该方法。

1. 短期租赁

本准则规定，短期租赁，是指在租赁期开始日，租赁期不超过 12 个月的租赁。包含购买选择权的租赁不属于短期租赁。

对于短期租赁，承租人可以按照租赁资产的类别作出采用简化会计处理的选择。如果承租人对某类租赁资产作出了简化会计处理的选择，未来该类资产下所有的短期租赁都应采用简化会计处理。某类租赁资产是指企业运营中具有类似性质和用途的一组租赁资产。

按照简化会计处理的短期租赁发生租赁变更或者其他原因导致租赁期发生变化的，承租人应当将其视为一项新租赁，重新按照上述原则判断该项新租赁是否可以选择简化会计处理。

【例 44】 承租人与出租人签订了一份租赁合同，约定不可撤销期间为 9 个月，且承租人拥有 4 个月的续租选择权。在租赁期开始日，承租人判断可以合理确定将行使续租选择权，因为续租期的月租赁付款额明显低于市场价格。在此情况下，承租人确定租赁期为 13 个月，不属于短期租赁，承租人不能选择上述简化会计处理。

2. 低价值资产租赁

低价值资产租赁，是指单项租赁资产为全新资产时价值较低的租赁。

承租人在判断是否是低价值资产租赁时，应基于租赁资产的全新状态下的价值进行评估，不应考虑资产已被使用的年限。

对于低价值资产租赁，承租人可根据每项租赁的具体情况作出简化会计处理选择。低价值资产同时还应满足本准则第十条的规定，即，只有承租人能够从单独使用该低价值资产或将其与承租人易于获得的其他资源一起使用中获利，且该项资产与其他租赁资产没有高度依赖或高度关联关系时，才能对该资产租赁选择进行简化会计处理。

低价值资产租赁的标准应该是一个绝对金额，即仅与资产全新状态下的绝对价值有关，不受承租人规模、性质等影响，也不考虑该资产对于承租人或相关租赁交易的重要性。常见的低价值资产的例子包括平板电脑、普通办公家具、电话等小型资产。

但是，如果承租人已经或者预期要把相关资产进行转租赁，则不能将原租赁按照低价值资产租赁进行简化会计处理。

值得注意的是，符合低价值资产租赁的，也并不代表承租人若采取购入方式取得该资产时该资产不符合固定资产确认条件。

【例 45】 承租人与出租人签订了一份租赁合同，约定的租赁资产包括：(1) IT 设备，包括供员工个人使用的笔记本电脑、台式电脑、平板电脑、桌面打印机和手机等；(2) 服务器，其中包括增加服务器容量的单独组件，这些组件根据承租人需要陆续添加到大型服务器以增加服务器存储容量；(3) 办公家具，如桌椅和办公隔断等；(4) 饮水机。

通常，办公笔记本电脑全新时的单独价格不超过人民币 10 000 元，台式电脑、平板电脑、桌面打印机和手机全新时的单独价格不超过人民币5 000元，普通办公家具的单独价格不超过人民币10 000元，饮水机的单独价格不超过人民币1 000元，服务器单个组件的单独价格不超过人民币10 000元。

分析：上述租赁资产中，各种IT设备、办公家具、饮水机都能够单独使承租人获益，且与其他租赁资产没有高度依赖或高度关联关系。通常情况下，符合低价值资产租赁的资产全新状态下的绝对价值应低于人民币40 000元。本例中，承租人将IT设备、办公家具、饮水机作为低价值租赁资产，选择按照简化方法进行会计处理。对于服务器中的组件，尽管单个组件的单独价格较低，但由于每个组件都与服务器中的其他部分高度相关，承租人若不租赁服务器就不会租赁这些组件，不构成单独的租赁部分，因此不能作为低价值租赁资产进行会计处理。

八、出租人会计处理

（一）出租人的租赁分类

1. 融资租赁和经营租赁

本准则规定，出租人应当在租赁开始日将租赁分为融资租赁和经营租赁。

租赁开始日，是指租赁合同签署日与租赁各方就主要租赁条款作出承诺日中的较早者。租赁开始日可能早于租赁期开始日，也可能与租赁期开始日重合。

一项租赁属于融资租赁还是经营租赁取决于交易的实质，而不是合同的形式。如果一项租赁实质上转移了与租赁资产所有权有关的几乎全部风险和报酬，出租人应当将该项租赁分类为融资租赁。出租人应当将除融资租赁以外的其他租赁分类为经营租赁。

在本准则中，出租人的租赁分类是以租赁转移与租赁资产所有权相关的风险和报酬的程度为依据的。风险包括由于生产能力的闲置或技术陈旧可能造成的损失，以及由于经济状况的改变可能造成的回报变动。报酬可以表现为在租赁资产的预期经济寿命期间经营的盈利以及因增值或残值变现可能产生的利得。

租赁开始日后，除非发生租赁变更，出租人无需对租赁的分类进行重新评估。租赁资产预计使用寿命、预计余值等会计估计变更或发生承租人违约等情况变化的，出租人不对租赁进行重分类。

租赁合同可能包括因租赁开始日与租赁期开始日之间发生的特定变化而需对租赁付款额进行调整的条款与条件（例如，出租人标的资产的成本发生变动，或出租人对该租赁的融资成本发生变动）。在此情况下，出于租赁分类目的，此类变动的影响均视为在租赁开始日已发生。

2. 融资租赁的分类标准

一项租赁存在下列一种或多种情形的，通常分类为融资租赁：

（1）在租赁期届满时，租赁资产的所有权转移给承租人。即，如果在租赁协议中已经约定，或者根据其他条件，在租赁开始日就可以合理地判断，租赁期届满时出租人会将资产的所有权转移给承租人，那么该项租赁通常分类为融资租赁。

（2）承租人有购买租赁资产的选择权，所订立的购买价款预计将远低于行使选择权时租赁资产的公允价值，因而在租赁开始日就可以合理确定承租人将行使该选择权。

（3）资产的所有权虽然不转移，但租赁期占租赁资产使用寿命的大部分。实务中，这里的“大部分”一般指租赁期占租赁开始日租赁资产使用寿命的75%以上（含75%）。需要说明的是，这里的量化标准只是指导性标准，企业在具体运用时，必须以准则规定的相关条件进行综合判断。这条标准强调的是租赁期占租赁资产使用寿命的比例，而非租赁期占该项资产全部可使用年限的比例。如果租赁资产是旧资产，在租赁前已使用年限超过资产自全新时起算可使用年限的75%以上时，则这条判断标准不适用，不能使用这条标准确定租赁的分类。

（4）在租赁开始日，租赁收款额的现值几乎相当于租赁资产的公允价值。实务中，这里的“几乎相当于”，通常掌握在90%以上。需要说明的是，这里的量化标准只是指导性标准，企业在具体运用时，必须以准则规定的相关条件进行综合判断。

（5）租赁资产性质特殊，如果不作较大改造，只有承租人才能使用。租赁资产由出租人根据承租人对资产型号、规格等方面的特殊要求专门购买或建造的，具有专购、专用性质。这些租赁资产如果不作较大的重新改制，其他企业通常难以使用。这种情况下，通常也分类为融资租赁。

一项租赁存在下列一项或多项迹象的，也可能分类为融资租赁：

（1）若承租人撤销租赁，撤销租赁对出租人造成的损失由承租人承担。

（2）资产余值的公允价值波动所产生的利得或损失归属于承租人。

例如，租赁结束时，出租人以相当于资产销售收益的绝大部分金额作为对租金的退还，说明承租人承担了租赁资产余值的几乎所有风险和报酬。

（3）承租人有能力以远低于市场水平的租金继续租赁至下一期间。

此经济激励政策与购买选择权类似，如果续租选择权行权价远低于市场水平，可以合理确定承租人将继续租赁至下一期间。

值得注意的是，出租人判断租赁类型时，上述情形和迹象并非总是决定性的，而是应综合考虑经济激励的有利方面和不利方面。若有其他特征充分表明，租赁实质上没有转移与租赁资产所有权相关的几乎全部风险和报酬，则该租赁应分类为经营租赁。例如，若租赁资产的所有权在租赁期结束时是以相当于届时其公允价值的可变付款额转让至承租人，或者因存在可变租赁付款额导致出租人实质上没有转移几乎全部风险和报酬，就可能出现这种情况。

（二）出租人对融资租赁的会计处理

1. 初始计量

本准则规定，在租赁期开始日，出租人应当对融资租赁确认应收融资租赁款，并终止确认融资租赁资产。出租人对应收融资租赁款进行初始计量时，应当以租赁投资净额作为应收融资租赁款的入账价值。

租赁投资净额为未担保余值和租赁期开始日尚未收到的租赁收款额按照租赁内含利率折现的现值之和。租赁内含利率，是指使出租人的租赁收款额的现值与未担保余值的现值之和（即租赁投资净额）等于租赁资产公允价值与出租人的初始直接费用之和的利率。因此，出租人发生的初始直接费用包括在租赁投资净额中，也即包括在应收融资租赁款的初始入账价值中。

租赁收款额，是指出租人因让渡在租赁期内使用租赁资产的权利而应向承租人收取的款项，包括：

（1）承租人需支付的固定付款额及实质固定付款额。存在租赁激励的，应当扣除租赁激励相关金额。

（2）取决于指数或比率的可变租赁付款额。该款项在初始计量时根据租赁期开始日的指数或比率确定。

（3）购买选择权的行权价格，前提是合理确定承租人将行使该选择权。

（4）承租人行使终止租赁选择权需支付的款项，前提是租赁期反映出承租人将行使终止租赁选择权。

（5）由承租人、与承租人有关的一方以及有经济能力履行担保义务的独立第三方向出租人提供的担保余值。

【例 46】 2×19 年 12 月 1 日，甲公司与乙公司签订了一份租赁合同，从乙公司租入塑钢机一台。租赁合同主要条款如下：

（1）租赁资产：全新塑钢机。

（2）租赁期开始日：2×20 年 1 月 1 日。

（3）租赁期：2×20 年 1 月 1 日—2×25 年 12 月 31 日，共 72 个月。

（4）固定租金支付：自 2×20 年 1 月 1 日，每年年末支付租金 160 000 元。如果甲公司能够在每年年末的最后一天及时付款，则给予减少租金 10 000 元的奖励。

（5）取决于指数或比率的可变租赁付款额：租赁期限内，如遇中国人民银行贷款基准利率调整时，出租人将对租赁利率作出同方向、同幅度的调整。基准利率调整日之前各期和调整日当期租金不变，从下一期租金开始按调整后的租金金额收取。

（6）租赁开始日租赁资产的公允价值：该机器在2×19年12月31日的公允价值为700 000元，账面价值为600 000元。

（7）初始直接费用：签订租赁合同过程中乙公司发生可归属于租赁项目的手续费、佣金10 000元。

（8）承租人的购买选择权：租赁期届满时，甲公司享有优惠购买该机器的选择权，购买价为20 000元，估计该日租赁资产的公允价值为80 000元。

（9）取决于租赁资产绩效的可变租赁付款额：2×21年和2×22年两年，甲公司每年按该机器所生产的产品——塑钢窗户的年销售收入的5%向乙公司支付。

（10）承租人的终止租赁选择权：甲公司享有终止租赁选择权。在租赁期间，如果甲公司终止租赁，需支付的款项为剩余租赁期间的固定租金支付金额。

（11）担保余值和未担保余值均为0。

（12）全新塑钢机的使用寿命为7年。

分析：出租人乙公司的会计处理如下：

第一步，判断租赁类型。

本例存在优惠购买选择权，优惠购买价20 000元远低于行使选择权日租赁资产的公允价值80 000元，因此在2×19年12月31日就可合理确定甲公司将会行使这种选择权。另外，在本例中，租赁期6年，占租赁开始日租赁资产使用寿命的86%（占租赁资产使用寿命的大部分）。同时，乙公司综合考虑其他各种情形和迹象，认为该租赁实质上转移了与该项设备所有权有关的几乎全部风险和报酬，因此将这项租赁认定为融资租赁。

第二步，确定租赁收款额。

(1) 承租人的固定付款额为考虑扣除租赁激励后的金额。

(160 000 - 10 000) ×6 = 900 000 (元)

(2) 取决于指数或比率的可变租赁付款额。

该款项在初始计量时根据租赁期开始日的指数或比率确定，因此本例题在租赁期开始日不做考虑。

(3) 承租人购买选择权的行权价格。

租赁期届满时，甲公司享有优惠购买该机器的选择权，购买价为20 000元，估计该日租赁资产的公允价值为80 000元。优惠购买价20 000元远低于行使选择权日租赁资产的公允价值，因此在2×19年12月31日就可合理确定甲公司将会行使这种选择权。

结论：租赁付款额中应包括承租人购买选择权的行权价格20 000元。

(4) 终止租赁的罚款。

虽然甲公司享有终止租赁选择权，但若终止租赁，甲公司需支付的款项为剩余租赁期间的固定租金支付金额。

结论：根据上述条款，可以合理确定甲公司不会行使终止租赁选择权

(5) 由承租人向出租人提供的担保余值：甲公司向乙公司提供的担保余值为0元。

综上所述租赁收款额为：900 000 + 20 000 = 920 000 (元)

第三步，确认租赁投资总额。

租赁投资总额 = 在融资租赁下出租人应收的租赁收款额 + 未担保余值

本例中租赁投资总额 = 920 000 + 0 = 920 000 (元)

第四步，确认租赁投资净额的金额和未实现融资收益。

租赁投资净额在金额上等于租赁资产在租赁期开始日公允价值700 000 + 出租人发生的租赁初始直接费用10 000 = 710 000（元）

未实现融资收益 = 租赁投资总额 - 租赁投资净额 = 920 000 - 710 000 = 210 000（元）

第五步，计算租赁内含利率。

租赁内含利率是使租赁投资总额的现值（即租赁投资净额）等于租赁资产在租赁开始日的公允价值与出租人的初始直接费用之和的利率。

本例中列出公式150 000 ×（P/A，r，6）+20 000 ×（P/F，r，6）= 710 000（元），计算得到租赁的内含利率为7.82%。

第六步，账务处理。

2 ×20 年1 月1 日

借：应收融资租赁款——租赁收款额	920 000	
贷：银行存款		10 000
融资租赁资产		600 000
资产处置损益		100 000
应收融资租赁款——未实现融资收益		210 000

若某融资租赁合同必须以收到租赁保证金为生效条件，出租人收到承租人交来的租赁保证金，借记“银行存款”科目，贷记“其他应收款——租赁保证金”科目。承租人到期不交租金，以保证金抵作租金时，借记“其他应收款——租赁保证金”科目，贷记“应收融资租赁款”科目。承租人违约，按租赁合同或协议规定没收保证金时，借记“其他应收款——租赁保证金”科目，贷记“营业外收入”等科目。

2. 融资租赁的后续计量

出租人应当按照固定的周期性利率计算并确认租赁期内各个期间的利息收入。该周期性利率，是按照本准则第三十八条规定所采用的折现率，或者按照本准则第四十四条规定所采用的修订后的折现率。

【例47】 沿用〖例46〗，以下说明出租人如何确认计量租赁期内各期间的利息收入。

分析：

第一步，计算租赁期内各期的利息收入（如表5所示）。

表5 单位：元

日期	租金	确认的利息收入	租赁投资净额余额
①	②	③＝期初④×7.82%	期末④＝期初④－②＋③
2×20年1月1日			710 000
2×20年12月31日	150 000	55 522	615 522
2×21年12月31日	150 000	48 134	513 656
2×22年12月31日	150 000	40 168	403 824
2×23年12月31日	150 000	31 579	285 403
2×24年12月31日	150 000	22 319	157 722
2×25年12月31日	150 000	12 278*	20 000
2×25年12月31日	20 000		
合计	920 000	210 000	

注：*作尾数调整12 278＝150 000＋20 000－157 722。

第二步，会计分录：

2×20年12月31日收到第一期租金时

借：银行存款　150 000

　　贷：应收融资租赁款——租赁收款额　150 000

借：应收融资租赁款——未实现融资收益　55 522

　　贷：租赁收入　55 522

2×21年12月31日收到第二期租金

借：银行存款　150 000

贷：应收融资租赁款——租赁收款额　　150 000

借：应收融资租赁款——未实现融资收益　　48 134

贷：租赁收入　　48 134

本准则规定，纳入出租人租赁投资净额的可变租赁付款额只包含取决于指数或比率的可变租赁付款额。在初始计量时，应当采用租赁期开始日的指数或比率进行初始计量。出租人应定期复核计算租赁投资总额时所使用的未担保余值。若预计未担保余值降低，出租人应修改租赁期内的收益分配，并立即确认预计的减少额。

出租人取得的未纳入租赁投资净额计量的可变租赁付款额，如与资产的未来绩效或使用情况挂钩的可变租赁付款额，应当在实际发生时计入当期损益。

【例48】 沿用〖例46〗，假设2×21年和2×22年，甲公司分别实现塑钢窗户年销售收入1 000 000和1 500 000元。根据租赁合同，乙公司2×21年和2×22年应向甲公司收取的与销售收入挂钩的租金分别为50 000元和75 000元。

分析：

会计分录为：

2×21年

借：银行存款（或应收账款）　　50 000

贷：租赁收入　　50 000

2×22年

借：银行存款（或应收账款）　　75 000

贷：租赁收入　　75 000

【例49】 沿用〖例46〗，租赁期届满时的处理——承租人行使购买权。

分析：

借：银行存款　　20 000

贷：应收融资租赁款——租赁收款额　　　　　　20 000

3. 融资租赁变更的会计处理

本准则规定，融资租赁发生变更且同时符合下列条件的，出租人应当将该变更作为一项单独租赁进行会计处理：

（1）该变更通过增加一项或多项租赁资产的使用权而扩大了租赁范围或延长了租赁期限；

（2）增加的对价与租赁范围扩大部分或租赁期限延长部分的单独价格按该合同情况调整后的金额相当。

【例50】 承租人就某套机器设备与出租人签订了一项为期5年的租赁，构成融资租赁。在第2年年初，承租人和出租人同意对原租赁进行修改，再增加1套机器设备用于租赁，租赁期也为5年。扩租的设备从第2年第二季度末时可供承租人使用。租赁总对价的增加额与新增的该套机器设备的当前出租市价扣减相关折扣相当。其中，折扣反映了出租人节约的成本，即若将同样设备租赁给新租户出租人会发生的成本，如营销成本等。

分析：此情况下，该变更通过增加一项或多项租赁资产的使用权而扩大了租赁范围，增加的对价与租赁范围扩大部分的单独价格按该合同情况调整后的金额相当，应将该变更作为一项新的租赁。

本准则规定，如果融资租赁的变更未作为一项单独租赁进行会计处理，且满足假如变更在租赁开始日生效，该租赁会被分类为经营租赁条件的，出租人应当自租赁变更生效日开始将其作为一项新租赁进行会计处理，并以租赁变更生效日前的租赁投资净额作为租赁资产的账面价值。

【例51】 承租人就某套机器设备与出租人签订了一项为期5年的租赁，构成融资租赁。合同规定，每年末承租人向出租人支付租金10 000元，租赁期开始日，出租资产公允价值为37 908元。按照公式10 000×（P/A，r，5）=37 908（元），计算得出租赁内含利率10%，租赁收款额为50 000元，未确认融资收益为12 092元。在第2年年初，承租人和出租人同意对原租赁进行修改，缩短租赁期限到第三年年末，每年支付租金时点不变，租金总额从50 000元变更到33 000元。假设本例中不涉及未担保余值、担保余值、终止租赁罚款等。

分析：本例中，如果原租赁期限设定为3年，在租赁开始日，租赁类别被分类为经营租赁，那么，在租赁变更生效日，即第2年年初，出租人将租赁投资净额余额31 699元（37 908 + 37 908 × 10% - 10 000）作为该套机器设备的入账价值，并从第2年年初开始，作为一项新的经营租赁（2年租赁期，每年末收取租金11 500元）进行会计处理。

第二年年初会计分录如下：

借：固定资产　　31 699

　　应收融资租赁款——未确认融资收益

　　　　（12 092 - 37 908 × 10%）8 301

　贷：应收融资租赁款——租赁收款额

　　　　（50 000 - 10 000）40 000

如果融资租赁的变更未作为一项单独租赁进行会计处理，且满足假如变更在租赁开始日生效，该租赁会被分类为融资租赁条件的，出租人应当按照《企业会计准则第22号——金融工具确认和计量》（2017）第四十二条关于修改或重新议定合同的规定进行会计处理。即，修改或重新议定租赁合同，未导致应收融资租赁款终止确认，但导致未来现金流量发生变化的，应当重新计算该应收融资租赁款的账面余额，并将相关利得或损失计入当期损益。重新计算应收融资租赁款账面余额时，应当根据重新议定或修改的租赁合同现金流量按照应收融资租赁款的原折现率或按照《企业会计准则第24号——套期会计》（2017）第二十三条规定重新计算的折现率（如适用）折现的现值确定。对于修改或重新议定租赁合同所产生的所有成本和费用，企业应当调整修改后的应收融资租赁款的账面价值，并在修改后的应收融资租赁款的剩余期限内进行摊销。

【例52】 承租人就某套机器设备与出租人签订了一项为期5年的租赁，构成融资租赁。合同规定，每年年末承租人向出租人支付租金10 000元，租赁期开始日租赁资产公允价值为37 908元，如〖例51〗，租赁内含利率10%。在第2年年初，承租人和出租人因为设备适用性等原因同意对原租赁进行修改，从第二年开始，每年支付租金额变为9 500元，租金总额从50 000元变更到48 000元。

分析：如果此付款变更在租赁开始日生效，租赁类别仍被分类为融资租赁，那么，在租赁变更生效日——第2年年初，按10%原租赁内含利率重新计算租赁投资净额为30 114元［9 500×(P/A，10%，4)］，与原租赁投资净额账面余额31 699元的差额1 585元（其中"应收融资租赁款——租赁收款额"减少2 000元，"应收融资租赁款——未确认融资收益"减少415元）计入当期损益。

第二年年初会计分录如下：

借：租赁收入　　1 585

　　应收融资租赁款——未确认融资收益　　415

　　贷：应收融资租赁款——租赁收款额　　2 000

（三）出租人对经营租赁的会计处理

1. 租金的处理

在租赁期内各个期间，出租人应采用直线法或者其他系统合理的方法将经营租赁的租赁收款额确认为租金收入。如果其他系统合理的方法能够更好地反映因使用租赁资产所产生经济利益的消耗模式的，则出租人应采用该方法。

2. 出租人对经营租赁提供激励措施

出租人提供免租期的，出租人应将租金总额在不扣除免租期的整个租赁期内，按直线法或其他合理的方法进行分配，免租期内应当确认租金收入。出租人承担了承租人某些费用的，出租人应将该费用自租金收入总额中扣除，按扣除后的租金收入余额在租赁期内进行分配。

3. 初始直接费用

出租人发生的与经营租赁有关的初始直接费用应当资本化至租赁标的资产的成本，在租赁期内按照与租金收入相同的确认基础分期计入当期损益。

4. 折旧和减值

对于经营租赁资产中的固定资产，出租人应当采用类似资产的折旧政策计提折旧；对于其他经营租赁资产，应当根据该资产适用的企业会计准则，采用系统合理的方法进行摊销。

出租人应当按照《企业会计准则第 8 号——资产减值》的规定，确定经营租赁资产是否发生减值，并对已识别的减值损失进行会计处理。

5. 可变租赁付款额

出租人取得的与经营租赁有关的可变租赁付款额，如果是与指数或比率挂钩的，应在租赁期开始日计入租赁收款额；除此之外的，应当在实际发生时计入当期损益。

6. 经营租赁的变更

本准则规定，经营租赁发生变更的，出租人应自变更生效日开始，将其作为一项新的租赁进行会计处理，与变更前租赁有关的预收或应收租赁收款额视为新租赁的收款额。

九、特殊租赁业务的会计处理

（一）转租赁

转租情况下，原租赁合同和转租赁合同通常都是单独协商的，交易对手也是不同的企业，本准则要求转租出租人对原租赁合同和转租赁合同分别根据承租人和出租人会计处理要求，进行会计处理。

承租人在对转租赁进行分类时，转租出租人应基于原租赁中产生的使用权资产，而不是租赁资产（如作为租赁对象的不动产或设备）进行分类。原租赁资产不归转租出租人所有，原租赁资产也未计入其资产负债表。因此，转租出租人应基于其控制的资产（即使用权资产）进行会计处理。

原租赁为短期租赁，且转租出租人作为承租人已按照本准则采用简化会计处理方法的，应将转租赁分类为经营租赁。

【例53】甲企业（原租赁承租人）与乙企业（原租赁出租人）就5 000平方米办公场所签订了一项为期5年的租赁（原租赁）。在第3年年初，甲企业将该5 000平方米办公场所转租给丙企业，期限为原租赁的剩余3年时间（转租赁）。假设不考虑初始直接费用。

分析：甲企业应基于原租赁形成的使用权资产对转租赁进行分类。本例中，转租赁的期限覆盖了原租赁的所有剩余期限，综合考虑其他因素，甲企业判断其实质上转移了与该项使用权资产有关的几乎全部风险和报酬，甲企业将该项转租赁分类为融资租赁。

甲企业的会计处理为：（1）终止确认与原租赁相关且转给丙企业（转租承租人）的使用权资产，并确认转租赁投资净额；（2）将使用权资产与转租赁投资净额之间的差额确认为损益；（3）在资产负债表中保留原租赁的租赁负债，该负债代表应付原租赁出租人的租赁付款额。在转租期间，中间出租人既要确认转租赁的融资收益，也要确认原租赁的利息费用。

【例 54】 甲企业（原租赁承租人）与乙企业（原租赁出租人）就 5 000 平方米办公场所签订了一项为期 5 年的租赁（原租赁）。在原租赁的租赁期开始日，甲企业将该 5 000 平方米办公场所转租给丙企业，期限为两年（转租赁）。

分析：甲企业基于原租赁形成的使用权资产对转租赁进行分类，考虑各种因素后，将其分类为经营租赁。签订转租赁时，中间出租人在其资产负债表中继续保留与原租赁相关的租赁负债和使用权资产。在转租期间，甲企业（1）确认使用权资产的折旧费用和租赁负债的利息；并（2）确认转租赁的租赁收入。

（二）生产商或经销商出租人的融资租赁会计处理

生产商或经销商通常为客户提供购买或租赁其产品或商品的选择。如果生产商或经销商出租其产品或商品构成融资租赁，则该交易产生的损益应相当于按照考虑适用的交易量或商业折扣后的正常售价直接销售标的资产所产生的损益。构成融资租赁的，生产商或经销商出租人在租赁期开始日应当按照租赁资产公允价值与租赁收款额按市场利率折现的现值两者孰低确认收入，并按照租赁资产账面价值扣除未担保余值的现值后的余额结转销售成本，收入和销售成本的差额作为销售损益。

由于取得融资租赁所发生的成本主要与生产商或经销商赚取的销售利得相关，生产商或经销商出租人应当在租赁期开始日将其计入损益。即，与其他融资租赁出租人不同，生产商或经销商出租人取得融资租赁所发生的成本不属于初始直接费用，不计入租赁投资净额。

【**例55**】甲公司是一家设备生产商，与乙公司（生产型企业）签订了一份租赁合同，向乙公司出租所生产的设备，合同主要条款如下：(1) 租赁资产：设备A；(2) 租赁期：2×19年1月1日至2×21年12月31日，共3年；(3) 租金支付：自2×19年起每年年末支付年租金1 000 000元；(4) 租赁合同规定的利率：5%（年利率），与市场利率相同；(5) 该设备于2×19年1月1日的公允价值为2 700 000元，账面价值为2 000 000元；(6) 甲公司取得该租赁发生的相关成本为5 000元；(7) 该设备于2×19年1月1日交付乙公司，预计使用寿命为8年，无残值；租赁期届满时，乙公司可以100元购买该设备，预计租赁到期日该设备的公允价值不低于1 500 000元，乙公司对此金额提供担保；租赁期内该设备的保险、维修等费用均由乙公司自行承担。假设不考虑其他因素和各项税费影响。

分析：

第一步，判断租赁类型。本例中租赁期满乙公司可以远低于租赁到期日租赁资产公允价值的金额购买租赁资产，甲公司认为其可以合理确定乙公司将行使购买选择权，综合考虑其他因素，与该项资产所有权有关的几乎所有风险和报酬已实质转移给乙公司，因此甲公司将该租赁认定为融资租赁。

第二步，计算租赁期开始日租赁收款额按市场利率折现的现值，确定收入金额。

租赁收款额＝租金×期数＋购买价格＝1 000 000×3＋100＝3 000 100（元）

租赁收款额按市场利率折现的现值＝1 000 000×(P/A，5%，3)＋100×(P/F，5%，3)＝2 723 286（元）

按照租赁资产公允价值与租赁收款额按市场利率折现的现值两者孰低的原则，确认收入为2 700 000元。

第三步，计算租赁资产账面价值扣除未担保余值的现值后的余额，确定销售成本金额。

销售成本 = 账面价值 - 未担保余值的现值 = 2 000 000 - 0 = 2 000 000（元）

第四步，会计分录：

2×19 年 1 月 1 日（租赁期开始日）

借：应收融资租赁款——租赁收款额　　3 000 100

　　贷：营业收入　　2 700 000

　　　　应收融资租赁款——未实现融资收益　　300 100

借：营业成本　　2 000 000

　　贷：存货　　2 000 000

借：销售费用　　5 000

　　贷：银行存款　　5 000

由于甲公司在确定营业收入和租赁投资净额（即应收融资租赁款）时，是基于租赁资产的公允价值，因此，甲公司需要根据租赁收款额、未担保余值和租赁资产公允价值重新计算租赁内含利率。

即，1 000 000 ×（P/A，r，3）+ 100 ×（P/F，r，3）= 2 700 000（元），r = 5.4606% ≈ 5.46%，计算租赁期内各期分摊的融资收益如表 6 所示。

表 6　　单位：元

日期	收取租赁款项	确认的融资收入	应收租赁款减少额	应收租赁款净额
	①	② = 期初④ × 5.4606%	③ = ① - ②	期末④ = 期初④ - ③
2×19 年 1 月 1 日				2 700 000
2×19 年 12 月 31 日	1 000 000	147 436	852 564	1 847 436
2×20 年 12 月 31 日	1 000 000	100 881	899 119	948 317
2×21 年 12 月 31 日	1 000 000	51 783*	948 217*	100
2×21 年 12 月 31 日	100		100	
合计	3 000 100	300 100	2 700 000	

注：* 作尾数调整：51 783 = 1 000 000 - 948 217；948 217 = 948 317 - 100。

2×19年12月31日会计分录：

借：应收融资租赁款——未实现融资收益　　147 436

　　贷：租赁收入　　147 436

借：银行存款　　1 000 000

　　贷：应收融资租赁款——租赁收款额　　1 000 000

2×20年12月31日和2×21年12月31日会计分录略。

【例56】 甲公司是一家设备生产商，与乙公司（生产型企业）签订了一份租赁合同，向乙公司出租所生产的设备，合同主要条款如下：（1）租赁资产：设备A；（2）租赁期：2×19年1月1日—2×25年12月31日，共7年；（3）租金支付：自2×19年起每年末支付年租金475 000元；（4）租赁合同规定的利率：6%（年利率），与市场利率相同；（5）该设备于2×19年1月1日的公允价值为2 700 000元，账面价值为2 000 000元，甲公司认为租赁到期时该设备余值为72 800元，乙公司及其关联方未对余值提供担保；（6）甲公司取得该租赁发生的相关成本为5 000元；（7）该设备于2×19年1月1日交付乙公司，预计使用寿命为7年；租赁期内该设备的保险、维修等费用均由乙公司自行承担。假设不考虑其他因素和各项税费影响。

分析：

第一步，判断租赁类型。本例中租赁期与租赁资产预计使用寿命一致，另外租赁收款额的现值为2 651 600元（计算过程见后），约为租赁资产公允价值的98%，综合考虑其他因素，甲公司认为与该项资产所有权有关的几乎所有风险和报酬已实质转移给乙公司，所以将该租赁认定为融资租赁。

第二步，计算租赁期开始日租赁收款额按市场利率折现的现值，确定收入金额。

租赁收款额＝租金×期数＝475 000×7＝3 325 000（元）

租赁收款额按市场利率折现的现值＝475 000×（P/A，6%，7）＝

2 651 600（元）

按照租赁资产公允价值与租赁收款额按市场利率折现的现值两者孰低的原则，确认收入为 2 651 600 元

注：475 000 ×（P/A，6%，7）= 2 651 640（元），为便于计算，作尾数调整，取 2 651 600 元。

第三步，计算租赁资产账面价值扣除未担保余值的现值后的余额，确定销售成本金额。

未担保余值的现值 = 72 800 ×（P/F，6%，7）= 48 400（元）

注：72 800 ×（P/F，6%，7）= 48 412 元，为便于计算，作尾数调整，取 48 400 元。

销售成本 = 账面价值 − 未担保余值的现值 = 2 000 000 − 48 400 = 1 951 600（元）

第四步，会计分录：

2×19 年 1 月 1 日（租赁期开始日）

借：应收融资租赁款——租赁收款额　　3 325 000

　　贷：营业收入　　2 651 600

　　　　应收融资租赁款——未实现融资收益　　673 400

借：营业成本　　1 951 600

　　应收融资租赁款——未担保余值　　72 800

　　贷：存货　　2 000 000

　　　　应收融资租赁款——未实现融资收益　　24 400

借：销售费用　　5 000

　　贷：银行存款　　5 000

由于甲公司在确定营业收入和租赁投资净额（即应收融资租赁款）时，是基于租赁收款额按市场利率折现的现值，因此，甲公司无需重新计算租赁内含利率。甲公司按上述折现率 6% 计算租赁期内各期分摊的融资收益如表 7 所示。

表7

单位：元

日期	收取租赁款项	确认的融资收入*	应收租赁款减少额	应收租赁款净额
	①	②=期初④×6%	③=①-②	期末④=期初④-③
2×19年1月1日				2 700 000
2×19年12月31日	475 000	162 000	313 000	2 387 000
2×20年12月31日	475 000	143 220	331 780	2 055 220
2×21年12月31日	475 000	123 313	351 687	1 703 533
2×22年12月31日	475 000	102 212	372 788	1 330 745
2×23年12月31日	475 000	79 845	395 155	935 590
2×24年12月31日	475 000	56 135	418 865	516 725
2×25年12月31日	475 000	31 075**	443 925**	72 800
2×25年12月31日			72 800	
合计	3 325 000	697 800	2 700 000	

注：*包括未实现融资收益的摊销和未担保余值产生的利息两部分。

**作尾数调整：31 075=475 000-443 925；443 925=516 725-72 800（假定租赁资产余值估计一直未变）。

2×19年12月31日会计分录：

借：应收融资租赁款——未实现融资收益　　159 096

　　应收融资租赁款——未担保余值　　2 904

　　贷：租赁收入　　162 000

借：银行存款　　475 000

　　贷：应收融资租赁款——租赁收款额　　475 000

2×20—2×24年度会计分录略。

假设2×25年12月31日，乙公司到期归还租赁资产，甲公司将该资产处置，取得处置款72 800元，会计分录如下：

借：应收融资租赁款——未实现融资收益　　26 931

　　应收融资租赁款——未担保余值　　4 144

　　贷：租赁收入　　31 075

借：银行存款　　475 000

　　贷：应收融资租赁款——租赁收款额　　475 000

借：融资租赁资产　　72 800
　　贷：应收融资租赁款——未担保余值　　72 800
借：银行存款　　72 800
　　贷：融资租赁资产　　72 800

为吸引客户，生产商或经销商出租人有时以较低利率报价。使用该利率会导致出租人在租赁期开始日确认的收入偏高。在这种情况下，生产商或经销商出租人应当将销售利得限制为采用市场利率所能取得的销售利得。

（三）售后租回交易

若企业（卖方兼承租人）将资产转让给其他企业（买方兼出租人），并从买方兼出租人租回该项资产，则卖方兼承租人和买方兼出租人均应按照售后租回交易的规定进行会计处理。企业应当按照《企业会计准则第 14 号——收入》（2017）的规定，评估确定售后租回交易中的资产转让是否属于销售，并区别进行会计处理。

在标的资产的法定所有权转移给出租人并将资产租赁给承租人之前，承租人可能会先获得标的资产的法定所有权。但是，是否具有标的资产的法定所有权本身并非会计处理的决定性因素。如果承租人在资产转移给出租人之前已经取得对标的资产的控制，则该交易属于售后租回交易。然而，如果承租人未能在资产转移给出租人之前取得对标的资产的控制，那么即便承租人在资产转移给出租人之前先获得标的资产的法定所有权，该交易也不属于售后租回交易。

1. 售后租回交易中的资产转让属于销售

卖方兼承租人应当按原资产账面价值中与租回获得的使用权有关的部分，计量售后租回所形成的使用权资产，并仅就转让至买方兼出租人的权利确认相关利得或损失。买方兼出租人根据其他适用的《企业会计准则》对资产购买进行会计处理，并根据本准则对资产出租进行会计处理。

如果销售对价的公允价值与资产的公允价值不同，或者出租人未按市场价格收取租金，企业应当进行以下调整：

（1）销售对价低于市场价格的款项作为预付租金进行会计处理；

（2）销售对价高于市场价格的款项作为买方兼出租人向卖方兼承租人提供的额外融资进行会计处理。

同时，承租人按照公允价值调整相关销售利得或损失，出租人按市场价格调整租金收入。

在进行上述调整时，企业应当按以下二者中较易确定者进行：

（1）销售对价的公允价值与资产的公允价值的差异；

（2）合同付款额的现值与按市场租金计算的付款额的现值的差异。

2. 售后租回交易中的资产转让不属于销售

卖方兼承租人不终止确认所转让的资产，而应当将收到的现金作为金融负债，并按照《企业会计准则第22号——金融工具确认和计量》（2017）进行会计处理。买方兼出租人不确认被转让资产，而应当将支付的现金作为金融资产，并按照《企业会计准则第22号——金融工具确认和计量》（2017）进行会计处理。

3. 售后租回交易示例

（1）售后租回交易中的资产转让不属于销售。

【例57】甲公司（卖方兼承租人）以货币资金24 000 000元的价格向乙公司（买方兼出租人）出售一栋建筑物，交易前该建筑物的账面原值是24 000 000元，累计折旧是4 000 000元。与此同时，甲公司与乙公司签订了合同，取得了该建筑物18年的使用权（全部剩余使用年限为40年），年租金为2 000 000元，于每年年末支付，租赁期满时，甲公司将以100元购买该建筑物。根据交易的条款和条件，甲公司转让建筑物不满足《企业会计准则第14号——收入》（2017）中关于销售成立的条件。假设不考虑初始直接费用和各项税费的影响。该建筑物在销售当日的公允价值为 36 000 000 元。

分析：在租赁期开始日，甲公司对该交易的会计处理如下：

借：货币资金　　　　　　　　　　　　24 000 000

　　贷：长期应付款　　　　　　　　　　　　24 000 000

在租赁期开始日，乙公司对该交易的会计处理如下：

借：长期应收款　　　　　　　　　　　24 000 000

　　贷：货币资金　　　　　　　　　　　　　24 000 000

（2）售后租回交易中的资产转让属于销售。

【例 58】 甲公司（卖方兼承租人）以货币资金 40 000 000 元的价格向乙公司（买方兼出租人）出售一栋建筑物，交易前该建筑物的账面原值是 24 000 000 元，累计折旧是 4 000 000 元。与此同时，甲公司与乙公司签订了合同，取得了该建筑物 18 年的使用权（全部剩余使用年限为 40 年），年租金为 2 400 000 元，于每年年末支付。根据交易的条款和条件，甲公司转让建筑物符合《企业会计准则第 14 号——收入》（2017）中关于销售成立的条件。假设不考虑初始直接费用和各项税费的影响。该建筑物在销售当日的公允价值为 36 000 000 元。

分析：由于该建筑物的销售对价并非公允价值，甲公司和乙公司分别进行了调整，以按照公允价值计量销售收益和租赁应收款。超额售价 4 000 000 元（40 000 000 - 36 000 000）作为乙公司向甲公司提供的额外融资进行确认。

甲、乙公司均确定租赁内含年利率为 4.5%。年付款额现值为 29 183 980 元（年付款额 2 400 000，共 18 期，按每年 4.5% 进行折现），其中 4 000 000 元与额外融资相关，25 183 980 元与租赁相关（分别对应年付款额 328 948 元和 2 071 052 元），具体计算过程如下：年付款额现值 = 2 400 000 ×（P/A，4.5%，18）= 29 183 980（元），额外融资年付款额 = 4 000 000/29 183 980 × 2 400 000 = 328 948（元），

租赁相关年付款额=2 400 000－328 948=2 071 052（元）。

1. 在租赁期开始日，甲公司对该交易的会计处理如下：

第一步，按与租回获得的使用权部分占该建筑物的原账面金额的比例计算售后租回所形成的使用权资产

使用权资产=(24 000 000－4 000 000)（注1）×(25 183 980（注2）÷36 000 000（注3））=13 991 100（元）

注1：该建筑物的账面价值；

注2：18年使用权资产的租赁付款额现值；

注3：该建筑物的公允价值。

第二步，计算与转让至乙公司的权利相关的利得

出售该建筑物的全部利得=36 000 000－20 000 000=16 000 000（元），其中：

（a）与该建筑物使用权相关利得=16 000 000×(25 183 980÷36 000 000)=11 192 880（元）；

（b）与转让至乙公司的权利相关的利得=16 000 000－（a）=16 000 000－11 192 880=4 807 120（元）。

第三步，会计分录：

（1）与额外融资相关

	借方	贷方
借：货币资金	4 000 000	
贷：长期应付款		4 000 000

（2）与租赁相关

	借方	贷方
借：货币资金	36 000 000	
使用权资产	13 991 100	
固定资产——建筑物——累计折旧	4 000 000	
租赁负债——未确认融资费用	12 094 956	
贷：固定资产——建筑物——原值		24 000 000
租赁负债——租赁付款额（注）		37 278 936

资产处置损益　　　　　　　　　　　　4 807 120

注：该金额为甲公司年付款2 400 000元中的2 071 052元×18。

后续甲公司支付的年付款额2 400 000元中2 071 052元作为租赁付款额处理；328 948元作为以下两项进行会计处理：（1）结算金融负债4 000 000元而支付的款项和（2）利息费用。以第一年年末为例：

借：租赁负债——租赁付款额　　　　　　2 071 052

　　长期应付款（注）　　　　　　　　　148 948

　　利息费用（注）　　　　　　　　　1 313 279

　　贷：租赁负债——未确认融资费用（注）　　1 133 279

　　　　银行存款　　　　　　　　　　　　　2 400 000

注：利息费用 =25 183 980×4.5% +4 000 000×4.5% =1 133 279 +180 000 =1 313 279（元）。

长期应付款减少额 =328 948 -180 000 =148 948（元）。

2. 综合考虑租期占该建筑物剩余使用年限的比例等因素，乙公司将该建筑物的租赁分类为经营租赁。

在租赁期开始日，乙公司对该交易的会计处理如下：

借：固定资产——建筑物　　　　　　　36 000 000

　　长期应收款　　　　　　　　　　　4 000 000

　　贷：货币资金　　　　　　　　　　　　40 000 000

租赁期开始日之后，乙公司将从甲公司处年收款额2 400 000元中的2 071 052元作为租赁收款额进行会计处理。从甲公司处年收款额中的其余328 948元作为以下两项进行会计处理：（1）结算金融资产4 000 000元而收到的款项；（2）利息收入。以第一年年末为例：

借：银行存款　　　　　　　　　　　　2 400 000

　　贷：租赁收入　　　　　　　　　　　　2 071 052

　　　　利息收入　　　　　　　　　　　　　180 000

　　　　长期应收款　　　　　　　　　　　　148 948

十、列报和披露

（一）承租人的列报和披露

1. 资产负债表

承租人应当在资产负债表中单独列示使用权资产和租赁负债。其中，租赁负债通常分别非流动负债和一年内到期的非流动负债（即，资产负债表日后12个月内租赁负债预期减少的金额）列示。

【例59】 沿用〖例36〗，在租赁期开始日，甲公司确认的租赁负债为43 300元，租赁负债将按以下方法进行后续计量（如表8所示）：

表8　　单位：元

年度	租赁负债年初金额	利息	租赁付款额	租赁负债年末金额
	①	②=①×5%	③	④=①+②-③
1	43 300	2 165	10 000	35 465
2	35 465	1 773	10 000	27 238
3	27 238	1 362	10 000	18 600
4	18 600	930	10 000	9 530
5	9 530	470	10 000	—

在第一年年末，甲公司的租赁负债为35 465元，其中，应列示为非流动负债的金额为27 238元，应列示为一年内到期的非流动负债的金额为8 227元（即，35 465-27 238），该金额是资产负债表日后12个月内租赁负债预期减少的金额。

2. 利润表

承租人应当在利润表中分别列示租赁负债的利息费用与使用权资产的折旧费用。其中，租赁负债的利息费用在财务费用项目列示。

对于金融企业，财务报表格式中没有财务费用项目，因此使用权资产的折旧费用和利息费用可以在“业务及管理费用”列示，并在附注中进一步披露。

3. 现金流量表

承租人应当在现金流量表中按照如下方式列示：

（1）偿还租赁负债本金和利息所支付的现金，应当计入筹资活动现金流出；

（2）按照本准则有关规定对短期租赁和低价值资产租赁进行简化处理的，支付的相关付款额，应当计入经营活动现金流出；

（3）支付的未纳入租赁负债计量的可变租赁付款额，应当计入经营活动现金流出。

4. 承租人的披露

承租人应当在财务报表附注中披露有关租赁活动的定性和定量信息，以便财务报表使用者评估租赁活动对承租人的财务状况、经营成果和现金流量的影响。

承租人应当在财务报表的单独附注或单独章节中披露其作为承租人的信息，但无需重复已在财务报表其他部分列报或披露的信息，只需要在租赁的相关附注中通过交叉索引的方式体现该信息。

承租人应当在财务报表附注中披露与租赁有关的下列信息：

（1）各类使用权资产的期初余额、本期增加额、期末余额以及累计折旧额和减值金额。

（2）租赁负债的利息费用。

（3）有关简化处理方法的披露。

承租人按照本准则有关规定对短期租赁和低价值资产租赁进行简化处理的，应当披露这一事实，并且，应当披露计入当期损益的短期租赁费用和低价值资产租赁费用。其中，短期租赁费用无需包含租赁期在1个月以内的租赁相关费用，低价值资产租赁费用不应包含已包括在上述短期租赁费用中的低价值资产短期租赁费用。

若承租人在报告期末承诺的短期租赁组合与上述披露的短期租赁费用所对应的短期租赁组合不同，则承租人应当披露简化处理的短期租赁的租赁承诺金额。

（4）计入当期损益的未纳入租赁负债计量的可变租赁付款额。

（5）转租使用权资产取得的收入。

（6）与租赁相关的总现金流出。

（7）售后租回交易产生的相关损益。

（8）按照《企业会计准则第37号——金融工具列报》（2017）应当披露的有关租赁负债的信息，包括单独披露租赁负债的到期期限分析、对相关流动性风险的管理等。

承租人应当以列表格式披露上述信息，其他格式更为适当的除外。值得注意的是，承租人披露的金额应包含已在当期计入其他资产账面价值的成本。

此外，承租人应当根据理解财务报表的需要，披露有关租赁活动的其他定性和定量信息。此类信息包括：

（1）租赁活动的性质。例如，租入资产的类别及数量、租赁期、是否存在续租选择权等租赁基本情况信息。

（2）未纳入租赁负债计量的未来潜在现金流出。

未纳入租赁负债计量的未来潜在现金流出主要来源于下列风险敞口：一是可变租赁付款额，二是续租选择权与终止租赁选择权，三是担保余值，四是承租人已承诺但尚未开始的租赁。

①可变租赁付款额。

承租人可能需要根据具体情况披露与可变租赁付款额有关的额外信息，以帮助财务报表使用者进行评估。例如：承租人使用可变租赁付款额的原因，以及使用此类付款额的普遍性；可变租赁付款额相对于固定付款额的大小；可变租赁付款额所依据的主要变量，以及付款额预期将如何随主要变量变化而变动；可变租赁付款额的其他经营及财务影响。

【例 60】零售商甲公司租入了大量零售店铺，其中许多租赁包含与店铺销售额挂钩的可变付款额条款。甲公司的政策规定，可变租赁付款额条款的使用情形以及所有租赁商洽均须集中审批。租赁付款额受到集中监督。甲公司认为，关于可变租赁付款额的信息对财务报表使用者有重大意义，且无法从财务报表的其他部分获得。此外，甲公司认为，下列信息对财务报表使用者也有重大意义：甲公司就可变租赁付款额所用的不同类型的合同条款，这些条款对其财务状况的影响，以及可变租赁付款额对销售额变化的敏感度等。这些信息与向甲公司的高级管理层报告时所用的有关可变租赁付款额的信息类似。因此，甲公司在其财务报表附注中对租赁进行如下披露：

本集团的许多房地产租赁包含与租入店铺的销售额挂钩的可变租赁付款额条款。在可能的情况下，本集团使用该等条款的目的是将租赁的付款额与产生较多现金流的店铺相匹配。对于单独的店铺，最高可有 100% 的付款额是基于可变租赁付款额的，并且，用于确定付款额的销售额比例范围较大。在某些情况下，可变租赁付款额条款还包含年度付款额的下限或上限。

在 2×07 年度，租赁付款额及条款汇总如表 9 所示。

表 9

	店铺数量（个）	固定付款额（元）	可变付款额（元）	付款额总额（元）
仅有固定付款额	1 490	1 153 000	—	1 153 000
有可变付款额且无最低标准	986	—	562 000	562 000
有可变付款额且有最低标准	3 089	1 091 000	1 435 000	2 526 000
合计	5 565	2 244 000	1 997 000	4 241 000

若本集团全部店铺的销售额增长 1%，租赁付款总额预期将增

长约0.6%至0.7%；若本集团全部店铺的销售额增长5%，租赁付款总额预期将增长约2.6%至2.8%。

【例61】零售商甲公司租入了大量零售店铺。这些租赁包含差异较大的可变租赁付款额条款。租赁条款由当地管理层商洽和监督。甲公司认为，关于可变租赁付款额的信息对财务报表使用者有重大意义，且无法从财务报表的其他部分获得。并且，甲公司认为，关于如何管理房地产租赁组合的信息对财务报表使用者有重大意义。此外，甲公司认为，关于以后年度的可变租赁付款额预计水平的信息（与向甲公司的高级管理层报告时所用的信息类似）对财务报表使用者也有重大意义。因此，甲公司在其财务报表附注中对租赁进行如下披露：

本集团的许多房地产租赁包含可变租赁付款额条款。当地管理层对店铺的利润率负责，因此，租赁条款由当地管理层商洽确定，付款额条款类型多样。使用可变租赁付款额条款有多种原因，包括最小化新开店铺的固定成本额、管理利润率以及保持经营灵活性等。本集团的可变租赁付款额条款差异较大：

——大部分可变租赁付款额条款是基于店铺销售额的一定比例；

——基于可变条款的付款额占单个房地产租赁付款总额的比例为0~20%；

——部分可变租赁付款额条款包含下限或上限条款。

使用可变租赁付款额条款的总体财务影响是：店铺的销售额越高，租金成本越高。这将有利于本集团的利润管理。预计未来几年可变租赁付款额相关的租赁费用占店铺销售额的比例将保持类似水平。

②续租选择权与终止租赁选择权。

根据具体情况，承租人可能需要披露与续租选择权或终止租赁选择权有关的额外信息，以帮助财务报表使用者进行评估。例如：承租人使用续租选择权或终止选择权的原因，以及此类选择权的普遍性；选择权期间租金相对于租赁付款额的大小；行使未纳入租赁负债计量的选择权的普遍性；此类选择权的其他经营及财务影响。

【例62】 承租人甲公司有大量设备租赁，这些租赁的条款和条件差异较大。租赁条款由当地管理层商洽和监督。甲公司认为，如何对终止租赁选择权和续租选择权的使用进行管理的信息对财务报表使用者有重大意义，且无法从财务报表的其他部分获得。此外，甲公司认为，下列信息对财务报表使用者也有重大意义：重新评估上述选择权的财务影响，以及在其短期租赁组合中，包含无罚金年度解约条款的租赁所占的比例。因此，甲公司在其财务报表附注中对租赁进行如下披露：

本集团有大量设备租赁包含续租选择权和终止租赁选择权。当地管理层负责管理其租赁。因此，租赁条款是以逐项租赁为基础进行商洽的，并且这些租赁的条款和条件差异较大。在可能的情况下，租赁会使用续租选择权和终止租赁选择权条款，以便当地管理层在取得所需设备与履行客户合同的一致性方面拥有更大的灵活性。本集团所用的租赁具体条款和条件不尽相同。

大部分续租选择权和终止租赁选择权仅可由本集团行使，而非由相应的出租人行使。若本集团不能合理确定将行使续租选择权，则续租期间的相关付款额不纳入租赁负债的计量。

2×07年，因续租选择权或终止租赁选择权的评估结果或实际行使情况发生变化导致租赁期变化，本集团确认的租赁负债增加489 000元。

此外，本集团有大量租赁安排包含无罚金的年度解约条款。这些租赁被分类为短期租赁，且未包含在租赁负债中。本集团在2×07年确认的短期租赁费用为30 000元，其中包含年度解约条款的租赁发生的租赁费用为27 000元。

【例63】 承租人甲公司有大量大型设备租赁，这些租赁包含可由甲公司行使的续租选择权。甲公司的政策是，在可能的情况下使用续租选择权，从而使得已承诺的大型设备的租赁期与相关客户合同的初始合同期限一致，同时保留管理大型设备以及在不同合同间重新分配资产的灵活性。甲公司认为，关于续租选择权的信息对财务报表使用者有重大意义，且无法从财务报表的其他部分获得。此外，甲公司认为，下列信息对财务报表使用者也有重大意义：未纳入租赁负债计量的未来租赁付款额的潜在风险敞口，以及过去已行使的续租选择权所占比例。这与向甲公司的高级管理层报告时所用的有关续租选择权的信息类似。因此，甲公司在其财务报表附注中对租赁进行如下披露：

本集团的许多大型设备租赁包含续租选择权。这些条款可最大化合同管理的灵活性。在许多情况下，这些条款并未纳入租赁负债的计量，因为本集团无法合理确定是否将行使这些选择权。表10汇总了与续租选择权可行权之后的期间相关的潜在未来付款额：

表10

业务分部	已确认的租赁负债（已折现）（元）	未纳入租赁负债的潜在未来付款额（未折现）（元）	以往行使续租选择权的比例（%）
分部A	569 000	799 000	52
分部B	2 455 000	269 000	69
分部C	269 000	99 000	75
分部D	1 002 000	111 000	41
分部E	914 000	312 000	76
	5 209 000	1 590 000	67

③担保余值。

根据具体情况，承租人可能需要披露与担保余值有关的额外信息，以帮助财务报表使用者进行评估。例如，承租人提供担保余值的原因，以及此类条款的普遍性；承租人担保余值风险敞口的相对大小；被担保的标的资产的性质；其他经营及财务影响。

（3）租赁导致的限制或承诺。

根据具体情况，承租人可能需要披露与租赁导致的限制或承诺有关的额外信息，以帮助财务报表使用者进行评估。例如，租赁合同中关于承租人维持特定财务比率的条款。

（4）售后租回交易。

根据具体情况，承租人可能需要披露与售后租回有关的额外信息，以帮助财务报表使用者进行评估。例如：承租人进行售后租回交易的原因，以及此类交易的普遍性；各项售后租回交易的主要条款与条件；未纳入租赁负债计量的付款额；售后租回交易对当期现金流量的影响。

（5）其他相关信息。

在确定有关租赁活动的上述其他定性和定量信息是否属于必要信息时，承租人应考虑以下两个方面：

①该信息是否与财务报表使用者相关。

承租人应当仅在预期其他定性和定量信息与财务报表使用者相关的情况下，才提供这些信息。如果这些信息可帮助财务报表使用者了解以下事项，则可能属于此情形：一是租赁带来的灵活性，租赁可提供一定的灵活性，例如，承租人可通过行使终止选择权或以有利的条款和条件进行续租的方式降低风险敞口；二是租赁施加的限制，租赁可施加多种限制，例如，要求承租人维持特定的财务比率；三是报表信息对关键变量的敏感性，例如，报表信息可能对未来可变租赁付款额较为敏感；四是租赁产生的其他风险敞口；五是偏离行业惯例，例如，此类偏离可能包括一些罕见或特殊的租赁条款与条件，从而影响承租人的租赁组合。

②该信息是否可以从财务报表主表列报或附注中披露的信息直观得出。

承租人无需重复披露已在财务报表其他部分列报或披露的信息。

（二）出租人的列报和披露

出租人应当根据资产的性质，在资产负债表中列示经营租赁资产。

出租人应当在财务报表附注中披露有关租赁活动的定性和定量信息，以便财务报表使用者评估租赁活动对出租人的财务状况、经营成果和现金流量的影响。

1. 与融资租赁有关的信息

出租人应当在附注中披露与融资租赁有关的下列信息：

（1）销售损益（生产商或经销商出租人）、租赁投资净额的融资收益以及与未纳入租赁投资净额的可变租赁付款额相关的收入；

出租人应当以列表形式披露上述信息，其他形式更为适当的除外。

（2）资产负债表日后连续五个会计年度每年将收到的未折现租赁收款额，以及剩余年度将收到的未折现租赁收款额总额；不足五个会计年度的，披露资产负债表日后连续每年将收到的未折现租赁收款额。

出租人应进行上述到期分析，并对融资租赁投资净额账面金额的重大变动提供定性和定量说明，以使财务报表使用者能够更准确地预测未来的租赁现金流量流动性风险。

（3）未折现租赁收款额与租赁投资净额的调节表。

调节表应说明与租赁应收款相关的未实现融资收益、未担保余值的现值。

2. 与经营租赁有关的信息

出租人应当在附注中披露与经营租赁有关的下列信息：

（1）租赁收入，并单独披露与未纳入租赁收款额计量的可变租赁付款额相关的收入。

与融资租赁出租人披露信息类似，出租人应当以列表形式披露上述信息，其他形式更为适当的除外。

（2）将经营租赁固定资产与出租人持有自用的固定资产分开，并按经营租赁固定资产的类别提供《企业会计准则第4号——固定资产》要求披露的信息。

出租人对经营租赁下租赁的资产采用与其在其他经营活动中持有和使用的自有资产相似的方式进行会计处理。然而，租赁资产与自有资产通常被用于不同的目的，即租赁资产产生租赁收入，而不是对出租人的其他经营活动作出贡献。因此，将出租人持有和使用的自有资产与产生租赁收入的租赁资产分开披露，有利于财务报表使用者了解更多信息。

（3）资产负债表日后连续五个会计年度每年将收到的未折现租赁收款额，以及剩余年度将收到的未折现租赁收款总额。不足五个会计年度的，披露资产负债表日后连续每年将收到的未折现租赁收款额。

与融资租赁披露类似，上述到期分析将使财务报表使用者能够更准确地预测未来的租赁现金流量流动性风险。

3. 其他信息

此外，出租人应当根据理解财务报表的需要，披露有关租赁活动的其他定性和定量信息。此类信息包括：

（1）租赁活动的性质。例如，租出资产的类别及数量、租赁期、是否存在续租选择权等租赁基本情况信息。

（2）对其在租赁资产中保留的权利进行风险管理的情况。

出租人应当披露其如何对其在租赁资产中保留的权利进行风险管理管理的策略，包括出租人降低风险的方式。该等方式可包括回购协议、担保余值条款或因超出规定限制使用资产而支付的可变租赁付款额等。如租赁设备和车辆的市场价值的下降幅度超过出租人在为租赁定价时的预计幅度，则将对该项租赁的收益能力产生不利影响。租赁期结束时租赁资产余值的不确定性往往是出租人面临的重要风险。披露有关出资人如何对租赁资产中保留的权利进行管理，有利于财务报表使用者了解更多出租人相关风险管理信息。

（3）其他相关信息。

4. 转租赁的列报

原租赁以及转租同一标的资产形成的资产和负债所产生的风险敞口不同于由于单一租赁应收款净额或租赁负债所产生的风险敞口，因此，企业不得以净额为基础对转租赁进行列报。除非满足《企业会计准则第37号——金融工具列报》（2017）第二十八条关于金融资产负债抵销的规定，转租出租人不得抵销由于原租赁以及转租同一租赁资产而形成的资产和负债，以及与原租赁以及转租同一租赁资产相关的租赁收益和租赁费用。

十一、衔接规定

（一）首次执行日

本准则所述的首次执行日，是指企业首次采用本准则的年度报告期间的开始日。

（二）租赁定义的实务豁免

对于首次执行日前已存在的合同，企业在首次执行日可以选择不重新评估其是否为租赁或者包含租赁。即，企业可以仅对之前根据原租赁准则识别为租赁的合同采用本准则；对之前按原租赁准则未识别为包含租赁的合同不采用本准则。

选择不重新评估的，企业应当在财务报表附注中披露这一事实，并一致应用于前述所有合同。

（三）承租人衔接规定及示例

1. 承租人可以选择的衔接会计处理

承租人应当选择下列方法之一对租赁进行衔接会计处理，并一致应用于其作为承租人的所有租赁：

（1）按照《企业会计准则第 28 号——会计政策、会计估计变更和差错更正》的规定采用追溯调整法处理。

（2）根据首次执行本准则的累积影响数，调整首次执行本准则当年年初留存收益及财务报表其他相关项目金额，不调整可比期间信息（以下简称“简化的追溯调整法”）。

2. 简化的追溯调整法下具体衔接规定

（1）对于首次执行日前的融资租赁，承租人在首次执行日应当按照融资租入资产和应付融资租赁款的原账面价值，分别计量使用权资产和租赁负债。

（2）对于首次执行日前的经营租赁，承租人在首次执行日应当根据剩余租赁付款额按首次执行日承租人增量借款利率折现的现值计量租赁负债，并根据每项租赁选择按照下列两者之一计量使用权资产：

①假设自租赁期开始日即采用本准则的账面价值（采用首次执行日的承租人增量借款利率作为折现率）；

②与租赁负债相等的金额，并根据预付租金进行必要调整。

（3）在首次执行日，承租人应当按照《企业会计准则第8号——资产减值》的规定，对使用权资产进行减值测试并进行相应会计处理。

3. 简化的追溯调整法下对于经营租赁的额外可选简化处理

对于首次执行日前的经营租赁，可根据每项租赁采用下列一项或多项简化处理：

（1）将于首次执行日后12个月内执行完毕的租赁，可作为短期租赁处理。即，以本准则第三十二条所述的短期租赁处理方式对此类租赁进行会计处理，并在包含首次执行日的年度报告期间披露的短期租赁费用中涵盖与此类租赁有关的费用。

（2）计量租赁负债时，具有相似特征的租赁可采用同一折现率；使用权资产的计量可不包含初始直接费用。

（3）存在续租选择权或终止租赁选择权的，承租人可根据首次执行日前选择权的实际行使及其他最新情况确定租赁期，无需对首次执行日前各期间是否合理确定行使续租选择权或终止租赁选择权进行估计。

（4）作为使用权资产减值测试的替代，承租人可根据《企业会计准则第13号——或有事项》评估包含租赁的合同在首次执行日前是否是亏损合同，并根据首次执行日前计入资产负债表的亏损准备金额调整使用权资产。

值得注意的是，该方法只是对使用权减值测试的替代，该方法下计提的使用权资产减值准备后续期间仍不得转回。

（5）首次执行本准则当年年初之前发生租赁变更的，承租人无需按照本准则关于租赁变更的规定进行追溯调整，而是根据租赁变更的最终安排，按照本准则进行会计处理。

4. 其他衔接规定

首次执行日前的经营租赁中，租赁资产属于低价值资产且根据本准则选择不确认使用权资产和租赁负债的，承租人无需对该经营租赁按照衔接规定进行调整，应当自首次执行日起按照本准则进行会计处理。

母公司执行本准则、但子公司尚未执行本准则的，母公司在编制合并财务报表时，应当按照本准则规定调整子公司的财务报表。母公司尚未执行本准则、而子公司已执行本准则的，母公司在编制合并财务报表时，可以将子公司的财务报表按照母公司的会计政策进行调整后合并，也可以将子公司按照本准则编制的财务报表直接合并，母公司将子公司按照本准则编制的财务报表直接合并的，应当在合并财务报表中披露该事实，并且对母公司和子公司的会计政策及其他相关信息分别进行披露。

【例64】甲公司于2×19年1月1日（假设为首次执行日）存在下列原租赁准则下的尚未执行完毕的租赁合同，其中第一项为融资租赁，其余各项为经营租赁。具体情况如下（下述合同均不涉及租赁激励，也不考虑相关税费影响）：

（1）于2×16年1月1日（亦为该租赁的租赁期开始日）订立了一项5年期机器租赁，约定自2×16年1月1日起，每6个月于月末支付租金1 000 000元，该机器的保险、维护等费用均由甲公司负担，该机器在2×16年1月1日的公允价值为7 000 000元，租赁合同规定的利率为7%（出租人租赁内含利率未知），甲公司发生租赁初始直接费用10 000元，该机器于租赁期开始日的预计剩余使用年限为7年，无残值，租赁期届满时，甲公司将以100元购买该机器。于2×18年12月31日（即首次执行日前），该机器原值为7 010 000元，累计折旧3 004 286元，应付融资租赁款余额为4 000 100元，未确认融资费用为617 398元（以下简称“租赁A”）；

（2）于2×17年1月1日（亦为该租赁的租赁期开始日）订立了一项5年期通用设备租赁，约定在每年的第2天支付1 000 000元，该设备在2×17年1月1日的公允价值为8 000 000元，预计剩余使用年限为10年，甲公司发生租赁初始直接费用1 000元，租赁期届满时，甲公司需将该设备归还出租人（以下简称“租赁B”）；

（3）于2×17年1月1日（亦为该租赁的租赁期开始日）以经营租赁方式租入一条生产线生产仅销售给客户乙的A产品，租赁期4年，约定在每年的第2天支付500 000元，未发生租赁初始直接费用；该租赁合同不可撤销。2×18年，客户乙因自身原因不再向甲公司购买A产品，甲公司预计租入的生产线大部分时间将闲置，该租赁合同成为亏损合同。在考虑可能的现金净流入后，甲公司就该亏损合同确认了预计负债。于2×18年12月31日（即首次执行日前），相关预计负债金额为694 215元（计算采用的折现率为10%）（以下简称“租赁C”）；

（4）于2×16年6月30日（亦为该租赁的租赁期开始日）订立了一项3年期办公设备租赁，约定自2×16年6月30日起，每12个月于月末支付租金20 000元（即第一次支付日为2×17年6月30日），该设备于租赁期开始日的预计剩余使用年限为6年，未发生租赁初始直接费用，租赁到期归还设备（以下简称“租赁D”）；

（5）于2×18年1月1日（亦为该租赁的租赁期开始日）与某

租车公司分别订立了一项3年期的2辆公务车租赁和一项3年期的2辆轿车租赁，约定自2×18年1月1日起，于每年年末分别支付租金35 000元和25 000元（即第一次支付日为2×18年12月31日），这些车辆于租赁期开始日的预计剩余使用年限为8年，未发生租赁初始直接费用，租赁到期归还车辆（以下统称“汽车租赁”）；

（6）于2×16年1月1日（亦为该租赁的租赁期开始日）订立了一项3年期通用设备租赁，约定自2×16年1月1日起，于每年年末支付100 000元（即第一次支付日为2×16年12月31日），并可选择在租赁期满时延长一次2年租赁期，租金不变，该选择最迟须在租赁到期前6个月书面通知出租人，否则视为放弃该选择权，该设备于租赁期开始日的预计剩余使用年限为10年，未发生租赁初始直接费用。于2×18年6月30日，甲公司书面通知出租人选择延长，延长的租赁期届满时归还设备（以下简称“租赁E”）。

分析：甲公司的衔接处理如下：

2×19年1月1日（即首次执行日），甲公司选择不重新评估该此前已存在的合同是否为租赁或者是否包含租赁，并将此方法一致应用于所有合同，因此仅对上述在原租赁准则下识别为租赁的合同采用本准则衔接规定。此外，甲公司对上述租赁合同采用简化的追溯调整法进行衔接会计处理，并对其中的经营租赁根据每项租赁选择使用权资产计量方法和采用相关简化处理，具体如下：

（1）对于租赁A（原租赁准则下认定为融资租赁），按照融资租入资产和应付融资租赁款首次执行日前的账面价值，分别计量使用权资产和租赁负债，进行衔接会计处理，会计分录为：

借：使用权资产——原值——机器　　　　7 010 000

　　融资租入固定资产——累计折旧——机器

　　　　　　　　　　　　　　　　　　　3 004 286

　贷：融资租入固定资产——原值——机器　　7 010 000

　　　　使用权资产——累计折旧——机器　　　　3 004 286

借：长期应付款——应付融资租赁款　　　　4 000 100

　　租赁负债——未确认融资费用　　　　617 398

　　贷：未确认融资费用　　　　617 398

　　　　租赁负债——租赁付款额　　　　4 000 100

（2）对于租赁B（原租赁准则下认定为经营租赁），甲公司确定适用于该租赁的首次执行日承租人增量借款利率为9%，选择假设自租赁期开始日即采用本准则的账面价值（采用首次执行日的承租人增量借款利率9%作为折现率）计量使用权资产，计量时不包含初始直接费用。不采用其他简化处理。甲公司认为该使用权资产按直线法计提折旧是适当的，并按照《企业会计准则第8号——资产减值》的规定对使用权资产进行减值测试后确定其无减值。假定甲公司法定盈余公积提取比例为10%，不考虑其他事项。

于首次执行日：租赁负债=剩余租赁付款额按首次执行日承租人增量借款利率折现的现值=1 000 000+1 000 000×(P/A，9%，2)=2 759 100（元）

使用权资产原值=1 000 000+1 000 000×(P/A，9%，4)

　　　　　　　=4 239 700（元）

使用权资产累计折旧=使用权资产原值/5×2=1 695 880（元）

会计分录如下：

借：使用权资产——原值　　　　4 239 700

　　未分配利润　　　　193 752

　　盈余公积　　　　21 528

　　租赁负债——未确认融资费用

　　　　　　（3 000 000－2 759 100）240 900

　　贷：使用权资产——累计折旧　　　　1 695 880

　　　　租赁负债——租赁付款额　　　　3 000 000

假设上述情况下，甲公司选择按与租赁负债相等的金额并根据预付租金进行调整的方法计量使用权资产，则使用权资产账面价值为 2 759 100 元（即与租赁负债相等）。

（3）对于租赁 C，甲公司确定适用于该租赁的首次执行日承租人增量借款利率为 10%（与 2×18 年 12 月 31 日确定亏损合同准备金额折现率相等），选择按与租赁负债相等的金额并根据预付租金进行必要调整的方法计量使用权资产，采用前述简化处理第 4 条，即作为使用权资产减值测试的替代，根据首次执行日前亏损准备金额调整使用权资产，不采用其他简化处理。

于首次执行日：租赁负债 = 剩余租赁付款额按首次执行日承租人增量借款利率折现的现值 = 500 000 + 500 000 ×（P/A，10%，1）= 954 545（元）

使用权资产原值 = 租赁负债 = 954 545（元）

使用权资产减值准备 = 相关预计负债金额 = 694 215（元）

会计分录如下：

借：使用权资产——原值——生产线　　954 545
　　预计负债　　694 215
　　租赁负债——未确认融资费用——生产线　　45 455
　　贷：使用权资产减值准备——生产线　　694 215
　　　　租赁负债——租赁付款额——生产线　　1 000 000

（4）对于租赁 D，甲公司仅采用前述简化处理第 3（1）条，不采用其他简化处理，即将于首次执行日后 12 个月内执行完毕的租赁，作为短期租赁处理，并按照租赁资产类别将租赁付款额在租赁期内按直线法计入当期损益，不确认使用权资产和租赁负债，因此于首次执行日无需进行会计处理。

（5）对于汽车租赁，甲公司计量租赁负债时，认为公务车租赁和轿车租赁具有相似特征，采用前述简化处理第 3（2）条，即针对各公务车租赁和轿车租赁适用的承租人增量借款利率采用同一折现率（确定适用于该情况的承租人增量借款利率为8%），对于使用权资产，选择按与租赁负债相等的金额并根据预付租金进行必要调整的方法计量，不采用其他简化处理。同时，甲公司认为上述各项汽车租赁符合组合处理的条件，因此就该组合进行相关会计处理。

于首次执行日：汽车租赁负债＝公务车和轿车剩余租赁付款额之和按首次执行日承租人增量借款利率折现的现值＝(35 000＋25 000)×(P/A，8%，2)＝106 998（元）

汽车租赁使用权资产原值＝租赁负债＝106 998（元）

会计分录如下：

借：使用权资产——原值——汽车租赁　　　106 998

　　租赁负债——未确认融资费用——汽车租赁

　　　　　　　　　　　　　　　　　　　　13 002

　　贷：租赁负债——租赁付款额——汽车租赁　　120 000

（6）对于租赁E，甲公司采用前述简化处理第3（3）条，即根据首次执行日前选择权的实际行使情况确定租赁期，因此剩余租赁期为2年，剩余租赁付款额为200 000元，确定适用于该租赁的首次执行日承租人增量借款利率为8%；对于使用权资产，选择按与租赁负债相等的金额并根据预付租金进行必要调整的方法计量，不采用其他简化处理。

于首次执行日：租赁负债＝剩余租赁付款额按首次执行日承租人增量借款利率折现的现值＝100 000×(P/A，8%，2)＝178 330（元）

使用权资产原值＝租赁负债＝178 330（元）

会计分录如下：

借：使用权资产——原值——设备租赁　　　178 330

　　租赁负债——未确认融资费用——设备租赁

　　　　　　　　　　　　　　　　　　　　21 670

贷：租赁负债——租赁付款额——设备租赁　200 000

（四）出租人衔接规定

除下面所述情形外，出租人无需对作为出租人的租赁按照衔接规定进行调整，而应当自首次执行日起按照本准则进行会计处理：

对于首次执行日前划分为经营租赁且在首次执行日后仍存续的转租赁，转租出租人在首次执行日应当基于原租赁和转租赁的剩余合同期限和条款进行重新评估，并按照本准则的规定进行分类。按照本准则重分类为融资租赁的，应当将其作为一项新的融资租赁进行会计处理。

（五）之前确认的有关企业合并的金额

承租人如果之前根据《企业会计准则第 20 号——企业合并》，对作为企业合并一部分购买的经营租赁的有利或不利条款确认了资产或负债，则应当终止确认该资产或负债，并相应调整首次执行日的使用权资产的账面金额。

（六）售后租回交易的衔接规定

对于首次执行日前已存在的售后租回交易，企业在首次执行日不重新评估资产转让是否满足《企业会计准则第 14 号——收入》（2017）作为销售进行会计处理的规定。

对于首次执行日前应当作为销售和融资租赁进行会计处理的售后租回交易，卖方（承租人）应当按照与首次执行日存在的其他融资租赁相同的方法对租回进行会计处理，并继续在租赁期内摊销相关递延收益或损失。

对于首次执行日前应当作为销售和经营租赁进行会计处理的售后租回交易，卖方（承租人）应当按照与首次执行日存在的其他经营租赁相同的方法对租回进行会计处理，并根据首次执行日前计入资产负债表的相关递延收益或损失调整使用权资产。

（七）披露要求

承租人采用本准则第六十三条规定的简化处理方法的，应当在财务报表附注中披露所采用的简化处理方法以及在合理可能的范围内对采用每项简化处理方法的估计影响所作的定性分析。

承租人选择简化的追溯调整法对租赁进行衔接会计处理的，还应当在首次执行日披露以下信息：

（1）首次执行日计入资产负债表的租赁负债所采用承租人增量借款利率的加权平均值；

（2）首次执行日前一年度报告期末披露的重大经营租赁的尚未支付的最低租赁付款额按首次执行日承租人增量借款利率折现的现值，与计入首次执行日资产负债表的租赁负债的差额。

附录一

企业会计准则第21号——租赁

（2018年12月7日　财会〔2018〕35号）

第一章　总　　则

第一条　为了规范租赁的确认、计量和相关信息的列报，根据《企业会计准则——基本准则》，制定本准则。

第二条　租赁，是指在一定期间内，出租人将资产的使用权让与承租人以获取对价的合同。

第三条　本准则适用于所有租赁，但下列各项除外：

（一）承租人通过许可使用协议取得的电影、录像、剧本、文稿等版权、专利等项目的权利，以出让、划拨或转让方式取得的土地使用权，适用《企业会计准则第6号——无形资产》。

（二）出租人授予的知识产权许可，适用《企业会计准则第14号——收入》。

勘探或使用矿产、石油、天然气及类似不可再生资源的租赁，承租人承租生物资产，采用建设经营移交等方式参与公共基础设施建设、运营的特许经营权合同，不适用本准则。

第二章　租赁的识别、分拆和合并

第一节　租赁的识别

第四条　在合同开始日，企业应当评估合同是否为租赁或者包含租赁。如果合同中一方让渡了在一定期间内控制一项或多项已识别资产使用的权利以换取对价，则该合同为租赁或者包含租赁。

除非合同条款和条件发生变化，企业无需重新评估合同是否为租赁或者包含租赁。

第五条　为确定合同是否让渡了在一定期间内控制已识别资产使用的权利，企业应当评估合同中的客户是否有权获得在使用期间内因使用已识别资产所产生的几乎全部经济利益，并有权在该使用期间主导已识别资产的使用。

第六条　已识别资产通常由合同明确指定，也可以在资产可供客户使用时隐性指定。但是，即使合同已对资产进行指定，如果资产的供应方在整个使用期间拥有对该资产的实质性替换权，则该资产不属于已识别资产。

同时符合下列条件时，表明供应方拥有资产的实质性替换权：

（一）资产供应方拥有在整个使用期间替换资产的实际能力；

（二）资产供应方通过行使替换资产的权利将获得经济利益。

企业难以确定供应方是否拥有对该资产的实质性替换权的，应当视为供应方没有对该资产的实质性替换权。

如果资产的某部分产能或其他部分在物理上不可区分，则该部分不属于已识别资产，除非其实质上代表该资产的全部产能，从而使客户获得因使用该资产所产生的几乎全部经济利益。

第七条　在评估是否有权获得因使用已识别资产所产生的几乎

全部经济利益时，企业应当在约定的客户可使用资产的权利范围内考虑其所产生的经济利益。

第八条　存在下列情况之一的，可视为客户有权主导对已识别资产在整个使用期间内的使用：

（一）客户有权在整个使用期间主导已识别资产的使用目的和使用方式。

（二）已识别资产的使用目的和使用方式在使用期开始前已预先确定，并且客户有权在整个使用期间自行或主导他人按照其确定的方式运营该资产，或者客户设计了已识别资产并在设计时已预先确定了该资产在整个使用期间的使用目的和使用方式。

第二节　租赁的分拆和合并

第九条　合同中同时包含多项单独租赁的，承租人和出租人应当将合同予以分拆，并分别各项单独租赁进行会计处理。

合同中同时包含租赁和非租赁部分的，承租人和出租人应当将租赁和非租赁部分进行分拆，除非企业适用本准则第十二条的规定进行会计处理，租赁部分应当分别按照本准则进行会计处理，非租赁部分应当按照其他适用的企业会计准则进行会计处理。

第十条　同时符合下列条件的，使用已识别资产的权利构成合同中的一项单独租赁：

（一）承租人可从单独使用该资产或将其与易于获得的其他资源一起使用中获利；

（二）该资产与合同中的其他资产不存在高度依赖或高度关联关系。

第十一条　在分拆合同包含的租赁和非租赁部分时，承租人应当按照各租赁部分单独价格及非租赁部分的单独价格之和的相对比例分摊合同对价，出租人应当根据《企业会计准则第14号——收入》关于交易价格分摊的规定分摊合同对价。

第十二条 为简化处理，承租人可以按照租赁资产的类别选择是否分拆合同包含的租赁和非租赁部分。承租人选择不分拆的，应当将各租赁部分及与其相关的非租赁部分分别合并为租赁，按照本准则进行会计处理。但是，对于按照《企业会计准则第22号——金融工具确认和计量》应分拆的嵌入衍生工具，承租人不应将其与租赁部分合并进行会计处理。

第十三条 企业与同一交易方或其关联方在同一时间或相近时间订立的两份或多份包含租赁的合同，在符合下列条件之一时，应当合并为一份合同进行会计处理：

（一）该两份或多份合同基于总体商业目的而订立并构成一揽子交易，若不作为整体考虑则无法理解其总体商业目的。

（二）该两份或多份合同中的某份合同的对价金额取决于其他合同的定价或履行情况。

（三）该两份或多份合同让渡的资产使用权合起来构成一项单独租赁。

第三章 承租人的会计处理

第一节 确认和初始计量

第十四条 在租赁期开始日，承租人应当对租赁确认使用权资产和租赁负债，应用本准则第三章第三节进行简化处理的短期租赁和低价值资产租赁除外。

使用权资产，是指承租人可在租赁期内使用租赁资产的权利。

租赁期开始日，是指出租人提供租赁资产使其可供承租人使用的起始日期。

第十五条　租赁期，是指承租人有权使用租赁资产且不可撤销的期间。

承租人有续租选择权，即有权选择续租该资产，且合理确定将行使该选择权的，租赁期还应当包含续租选择权涵盖的期间。

承租人有终止租赁选择权，即有权选择终止租赁该资产，但合理确定将不会行使该选择权的，租赁期应当包含终止租赁选择权涵盖的期间。

发生承租人可控范围内的重大事件或变化，且影响承租人是否合理确定将行使相应选择权的，承租人应当对其是否合理确定将行使续租选择权、购买选择权或不行使终止租赁选择权进行重新评估。

第十六条　使用权资产应当按照成本进行初始计量。该成本包括：

（一）租赁负债的初始计量金额；

（二）在租赁期开始日或之前支付的租赁付款额，存在租赁激励的，扣除已享受的租赁激励相关金额；

（三）承租人发生的初始直接费用；

（四）承租人为拆卸及移除租赁资产、复原租赁资产所在场地或将租赁资产恢复至租赁条款约定状态预计将发生的成本。前述成本属于为生产存货而发生的，适用《企业会计准则第1号——存货》。

承租人应当按照《企业会计准则第13号——或有事项》对本条第（四）项所述成本进行确认和计量。

租赁激励，是指出租人为达成租赁向承租人提供的优惠，包括出租人向承租人支付的与租赁有关的款项、出租人为承租人偿付或承担的成本等。

初始直接费用，是指为达成租赁所发生的增量成本。增量成本是指若企业不取得该租赁，则不会发生的成本。

第十七条　租赁负债应当按照租赁期开始日尚未支付的租赁付

款额的现值进行初始计量。

在计算租赁付款额的现值时，承租人应当采用租赁内含利率作为折现率；无法确定租赁内含利率的，应当采用承租人增量借款利率作为折现率。

租赁内含利率，是指使出租人的租赁收款额的现值与未担保余值的现值之和等于租赁资产公允价值与出租人的初始直接费用之和的利率。

承租人增量借款利率，是指承租人在类似经济环境下为获得与使用权资产价值接近的资产，在类似期间以类似抵押条件借入资金须支付的利率。

第十八条 租赁付款额，是指承租人向出租人支付的与在租赁期内使用租赁资产的权利相关的款项，包括：

（一）固定付款额及实质固定付款额，存在租赁激励的，扣除租赁激励相关金额；

（二）取决于指数或比率的可变租赁付款额，该款项在初始计量时根据租赁期开始日的指数或比率确定；

（三）购买选择权的行权价格，前提是承租人合理确定将行使该选择权；

（四）行使终止租赁选择权需支付的款项，前提是租赁期反映出承租人将行使终止租赁选择权；

（五）根据承租人提供的担保余值预计应支付的款项。

实质固定付款额，是指在形式上可能包含变量但实质上无法避免的付款额。

可变租赁付款额，是指承租人为取得在租赁期内使用租赁资产的权利，向出租人支付的因租赁期开始日后的事实或情况发生变化（而非时间推移）而变动的款项。取决于指数或比率的可变租赁付款额包括与消费者价格指数挂钩的款项、与基准利率挂钩的款项和为反映市场租金费率变化而变动的款项等。

第十九条　担保余值，是指与出租人无关的一方向出租人提供担保，保证在租赁结束时租赁资产的价值至少为某指定的金额。

未担保余值，是指租赁资产余值中，出租人无法保证能够实现或仅由与出租人有关的一方予以担保的部分。

第二节　后续计量

第二十条　在租赁期开始日后，承租人应当按照本准则第二十一条、第二十二条、第二十七条及第二十九条的规定，采用成本模式对使用权资产进行后续计量。

第二十一条　承租人应当参照《企业会计准则第 4 号——固定资产》有关折旧规定，对使用权资产计提折旧。

承租人能够合理确定租赁期届满时取得租赁资产所有权的，应当在租赁资产剩余使用寿命内计提折旧。无法合理确定租赁期届满时能够取得租赁资产所有权的，应当在租赁期与租赁资产剩余使用寿命两者孰短的期间内计提折旧。

第二十二条　承租人应当按照《企业会计准则第 8 号——资产减值》的规定，确定使用权资产是否发生减值，并对已识别的减值损失进行会计处理。

第二十三条　承租人应当按照固定的周期性利率计算租赁负债在租赁期内各期间的利息费用，并计入当期损益。按照《企业会计准则第 17 号——借款费用》等其他准则规定应当计入相关资产成本的，从其规定。

该周期性利率，是按照本准则第十七条规定所采用的折现率，或者按照本准则第二十五条、第二十六条和第二十九条规定所采用的修订后的折现率。

第二十四条　未纳入租赁负债计量的可变租赁付款额应当在实

际发生时计入当期损益。按照《企业会计准则第1号——存货》等其他准则规定应当计入相关资产成本的，从其规定。

第二十五条 在租赁期开始日后，发生下列情形的，承租人应当重新确定租赁付款额，并按变动后租赁付款额和修订后的折现率计算的现值重新计量租赁负债：

（一）因依据本准则第十五条第四款规定，续租选择权或终止租赁选择权的评估结果发生变化，或者前述选择权的实际行使情况与原评估结果不一致等导致租赁期变化的，应当根据新的租赁期重新确定租赁付款额；

（二）因依据本准则第十五条第四款规定，购买选择权的评估结果发生变化的，应当根据新的评估结果重新确定租赁付款额。

在计算变动后租赁付款额的现值时，承租人应当采用剩余租赁期间的租赁内含利率作为修订后的折现率；无法确定剩余租赁期间的租赁内含利率的，应当采用重估日的承租人增量借款利率作为修订后的折现率。

第二十六条 在租赁期开始日后，根据担保余值预计的应付金额发生变动，或者因用于确定租赁付款额的指数或比率变动而导致未来租赁付款额发生变动的，承租人应当按照变动后租赁付款额的现值重新计量租赁负债。在这些情形下，承租人采用的折现率不变；但是，租赁付款额的变动源自浮动利率变动的，使用修订后的折现率。

第二十七条 承租人在根据本准则第二十五条、第二十六条或因实质固定付款额变动重新计量租赁负债时，应当相应调整使用权资产的账面价值。使用权资产的账面价值已调减至零，但租赁负债仍需进一步调减的，承租人应当将剩余金额计入当期损益。

第二十八条 租赁发生变更且同时符合下列条件的，承租人应当将该租赁变更作为一项单独租赁进行会计处理：

（一）该租赁变更通过增加一项或多项租赁资产的使用权而扩大了租赁范围；

（二）增加的对价与租赁范围扩大部分的单独价格按该合同情况调整后的金额相当。

租赁变更，是指原合同条款之外的租赁范围、租赁对价、租赁期限的变更，包括增加或终止一项或多项租赁资产的使用权，延长或缩短合同规定的租赁期等。

第二十九条　租赁变更未作为一项单独租赁进行会计处理的，在租赁变更生效日，承租人应当按照本准则第九条至第十二条的规定分摊变更后合同的对价，按照本准则第十五条的规定重新确定租赁期，并按照变更后租赁付款额和修订后的折现率计算的现值重新计量租赁负债。

在计算变更后租赁付款额的现值时，承租人应当采用剩余租赁期间的租赁内含利率作为修订后的折现率；无法确定剩余租赁期间的租赁内含利率的，应当采用租赁变更生效日的承租人增量借款利率作为修订后的折现率。租赁变更生效日，是指双方就租赁变更达成一致的日期。

租赁变更导致租赁范围缩小或租赁期缩短的，承租人应当相应调减使用权资产的账面价值，并将部分终止或完全终止租赁的相关利得或损失计入当期损益。其他租赁变更导致租赁负债重新计量的，承租人应当相应调整使用权资产的账面价值。

第三节　短期租赁和低价值资产租赁

第三十条　短期租赁，是指在租赁期开始日，租赁期不超过12个月的租赁。

包含购买选择权的租赁不属于短期租赁。

第三十一条　低价值资产租赁，是指单项租赁资产为全新资产时价值较低的租赁。

低价值资产租赁的判定仅与资产的绝对价值有关，不受承租人规模、性质或其他情况影响。低价值资产租赁还应当符合本准则第十条的规定。

承租人转租或预期转租租赁资产的，原租赁不属于低价值资产租赁。

第三十二条 对于短期租赁和低价值资产租赁，承租人可以选择不确认使用权资产和租赁负债。

作出该选择的，承租人应当将短期租赁和低价值资产租赁的租赁付款额，在租赁期内各个期间按照直线法或其他系统合理的方法计入相关资产成本或当期损益。其他系统合理的方法能够更好地反映承租人的受益模式的，承租人应当采用该方法。

第三十三条 对于短期租赁，承租人应当按照租赁资产的类别作出本准则第三十二条所述的会计处理选择。

对于低价值资产租赁，承租人可根据每项租赁的具体情况作出本准则第三十二条所述的会计处理选择。

第三十四条 按照本准则第三十二条进行简化处理的短期租赁发生租赁变更或者因租赁变更之外的原因导致租赁期发生变化的，承租人应当将其视为一项新租赁进行会计处理。

第四章 出租人的会计处理

第一节 出租人的租赁分类

第三十五条 出租人应当在租赁开始日将租赁分为融资租赁和经营租赁。

租赁开始日，是指租赁合同签署日与租赁各方就主要租赁条款作出承诺日中的较早者。

融资租赁，是指实质上转移了与租赁资产所有权有关的几乎全部风险和报酬的租赁。其所有权最终可能转移，也可能不转移。

经营租赁，是指除融资租赁以外的其他租赁。

在租赁开始日后，出租人无需对租赁的分类进行重新评估，除非发生租赁变更。租赁资产预计使用寿命、预计余值等会计估计变更或发生承租人违约等情况变化的，出租人不对租赁的分类进行重新评估。

第三十六条　一项租赁属于融资租赁还是经营租赁取决于交易的实质，而不是合同的形式。如果一项租赁实质上转移了与租赁资产所有权有关的几乎全部风险和报酬，出租人应当将该项租赁分类为融资租赁。

一项租赁存在下列一种或多种情形的，通常分类为融资租赁：

（一）在租赁期届满时，租赁资产的所有权转移给承租人。

（二）承租人有购买租赁资产的选择权，所订立的购买价款与预计行使选择权时租赁资产的公允价值相比足够低，因而在租赁开始日就可以合理确定承租人将行使该选择权。

（三）资产的所有权虽然不转移，但租赁期占租赁资产使用寿命的大部分。

（四）在租赁开始日，租赁收款额的现值几乎相当于租赁资产的公允价值。

（五）租赁资产性质特殊，如果不作较大改造，只有承租人才能使用。

一项租赁存在下列一项或多项迹象的，也可能分类为融资租赁：

（一）若承租人撤销租赁，撤销租赁对出租人造成的损失由承租人承担。

（二）资产余值的公允价值波动所产生的利得或损失归属于承

租人。

（三）承租人有能力以远低于市场水平的租金继续租赁至下一期间。

第三十七条 转租出租人应当基于原租赁产生的使用权资产，而不是原租赁的标的资产，对转租赁进行分类。

但是，原租赁为短期租赁，且转租出租人应用本准则第三十二条对原租赁进行简化处理的，转租出租人应当将该转租赁分类为经营租赁。

第二节 出租人对融资租赁的会计处理

第三十八条 在租赁期开始日，出租人应当对融资租赁确认应收融资租赁款，并终止确认融资租赁资产。

出租人对应收融资租赁款进行初始计量时，应当以租赁投资净额作为应收融资租赁款的入账价值。

租赁投资净额为未担保余值和租赁期开始日尚未收到的租赁收款额按照租赁内含利率折现的现值之和。

租赁收款额，是指出租人因让渡在租赁期内使用租赁资产的权利而应向承租人收取的款项，包括：

（一）承租人需支付的固定付款额及实质固定付款额，存在租赁激励的，扣除租赁激励相关金额；

（二）取决于指数或比率的可变租赁付款额，该款项在初始计量时根据租赁期开始日的指数或比率确定；

（三）购买选择权的行权价格，前提是合理确定承租人将行使该选择权；

（四）承租人行使终止租赁选择权需支付的款项，前提是租赁期反映出承租人将行使终止租赁选择权；

（五）由承租人、与承租人有关的一方以及有经济能力履行担保义务的独立第三方向出租人提供的担保余值。

在转租的情况下，若转租的租赁内含利率无法确定，转租出租人可采用原租赁的折现率（根据与转租有关的初始直接费用进行调整）计量转租投资净额。

第三十九条　出租人应当按照固定的周期性利率计算并确认租赁期内各个期间的利息收入。该周期性利率，是按照本准则第三十八条规定所采用的折现率，或者按照本准则第四十四条规定所采用的修订后的折现率。

第四十条　出租人应当按照《企业会计准则第22号——金融工具确认和计量》和《企业会计准则第23号——金融资产转移》的规定，对应收融资租赁款的终止确认和减值进行会计处理。

出租人将应收融资租赁款或其所在的处置组划分为持有待售类别的，应当按照《企业会计准则第42号——持有待售的非流动资产、处置组和终止经营》进行会计处理。

第四十一条　出租人取得的未纳入租赁投资净额计量的可变租赁付款额应当在实际发生时计入当期损益。

第四十二条　生产商或经销商作为出租人的融资租赁，在租赁期开始日，该出租人应当按照租赁资产公允价值与租赁收款额按市场利率折现的现值两者孰低确认收入，并按照租赁资产账面价值扣除未担保余值的现值后的余额结转销售成本。

生产商或经销商出租人为取得融资租赁发生的成本，应当在租赁期开始日计入当期损益。

第四十三条　融资租赁发生变更且同时符合下列条件的，出租人应当将该变更作为一项单独租赁进行会计处理：

（一）该变更通过增加一项或多项租赁资产的使用权而扩大了租赁范围；

（二）增加的对价与租赁范围扩大部分的单独价格按该合同情况

调整后的金额相当。

第四十四条 融资租赁的变更未作为一项单独租赁进行会计处理的，出租人应当分别下列情形对变更后的租赁进行处理：

（一）假如变更在租赁开始日生效，该租赁会被分类为经营租赁的，出租人应当自租赁变更生效日开始将其作为一项新租赁进行会计处理，并以租赁变更生效日前的租赁投资净额作为租赁资产的账面价值；

（二）假如变更在租赁开始日生效，该租赁会被分类为融资租赁的，出租人应当按照《企业会计准则第22号——金融工具确认和计量》关于修改或重新议定合同的规定进行会计处理。

第三节　出租人对经营租赁的会计处理

第四十五条 在租赁期内各个期间，出租人应当采用直线法或其他系统合理的方法，将经营租赁的租赁收款额确认为租金收入。其他系统合理的方法能够更好地反映因使用租赁资产所产生经济利益的消耗模式的，出租人应当采用该方法。

第四十六条 出租人发生的与经营租赁有关的初始直接费用应当资本化，在租赁期内按照与租金收入确认相同的基础进行分摊，分期计入当期损益。

第四十七条 对于经营租赁资产中的固定资产，出租人应当采用类似资产的折旧政策计提折旧；对于其他经营租赁资产，应当根据该资产适用的企业会计准则，采用系统合理的方法进行摊销。

出租人应当按照《企业会计准则第8号——资产减值》的规定，确定经营租赁资产是否发生减值，并进行相应会计处理。

第四十八条 出租人取得的与经营租赁有关的未计入租赁收款额的可变租赁付款额，应当在实际发生时计入当期损益。

第四十九条 经营租赁发生变更的，出租人应当自变更生效日起将其作为一项新租赁进行会计处理，与变更前租赁有关的预收或应收租赁收款额应当视为新租赁的收款额。

第五章 售后租回交易

第五十条 承租人和出租人应当按照《企业会计准则第14号——收入》的规定，评估确定售后租回交易中的资产转让是否属于销售。

第五十一条 售后租回交易中的资产转让属于销售的，承租人应当按原资产账面价值中与租回获得的使用权有关的部分，计量售后租回所形成的使用权资产，并仅就转让至出租人的权利确认相关利得或损失；出租人应当根据其他适用的企业会计准则对资产购买进行会计处理，并根据本准则对资产出租进行会计处理。

如果销售对价的公允价值与资产的公允价值不同，或者出租人未按市场价格收取租金，则企业应当将销售对价低于市场价格的款项作为预付租金进行会计处理，将高于市场价格的款项作为出租人向承租人提供的额外融资进行会计处理；同时，承租人按照公允价值调整相关销售利得或损失，出租人按市场价格调整租金收入。

在进行上述调整时，企业应当基于以下两者中更易于确定的项目：销售对价的公允价值与资产公允价值之间的差额、租赁合同中付款额的现值与按租赁市价计算的付款额现值之间的差额。

第五十二条 售后租回交易中的资产转让不属于销售的，承租人应当继续确认被转让资产，同时确认一项与转让收入等额的金融负债，并按照《企业会计准则第22号——金融工具确认和计量》对该金融负债进行会计处理；出租人不确认被转让资产，但应当确认一项与转让收入等额的金融资产，并按照《企业会计准则第22号——金融工具确认和计量》对该金融资产进行会计处理。

第六章　列　　报

第一节　承租人的列报

第五十三条　承租人应当在资产负债表中单独列示使用权资产和租赁负债。其中，租赁负债通常分别非流动负债和一年内到期的非流动负债列示。

在利润表中，承租人应当分别列示租赁负债的利息费用与使用权资产的折旧费用。租赁负债的利息费用在财务费用项目列示。

在现金流量表中，偿还租赁负债本金和利息所支付的现金应当计入筹资活动现金流出，支付的按本准则第三十二条简化处理的短期租赁付款额和低价值资产租赁付款额以及未纳入租赁负债计量的可变租赁付款额应当计入经营活动现金流出。

第五十四条　承租人应当在附注中披露与租赁有关的下列信息：

（一）各类使用权资产的期初余额、本期增加额、期末余额以及累计折旧额和减值金额；

（二）租赁负债的利息费用；

（三）计入当期损益的按本准则第三十二条简化处理的短期租赁费用和低价值资产租赁费用；

（四）未纳入租赁负债计量的可变租赁付款额；

（五）转租使用权资产取得的收入；

（六）与租赁相关的总现金流出；

（七）售后租回交易产生的相关损益；

（八）其他按照《企业会计准则第37号——金融工具列报》应当披露的有关租赁负债的信息。

承租人应用本准则第三十二条对短期租赁和低价值资产租赁进

行简化处理的，应当披露这一事实。

第五十五条 承租人应当根据理解财务报表的需要，披露有关租赁活动的其他定性和定量信息。此类信息包括：

（一）租赁活动的性质，如对租赁活动基本情况的描述；

（二）未纳入租赁负债计量的未来潜在现金流出；

（三）租赁导致的限制或承诺；

（四）售后租回交易除第五十四条第（七）项之外的其他信息；

（五）其他相关信息。

第二节 出租人的列报

第五十六条 出租人应当根据资产的性质，在资产负债表中列示经营租赁资产。

第五十七条 出租人应当在附注中披露与融资租赁有关的下列信息：

（一）销售损益、租赁投资净额的融资收益以及与未纳入租赁投资净额的可变租赁付款额相关的收入；

（二）资产负债表日后连续五个会计年度每年将收到的未折现租赁收款额，以及剩余年度将收到的未折现租赁收款额总额；

（三）未折现租赁收款额与租赁投资净额的调节表。

第五十八条 出租人应当在附注中披露与经营租赁有关的下列信息：

（一）租赁收入，并单独披露与未计入租赁收款额的可变租赁付款额相关的收入；

（二）将经营租赁固定资产与出租人持有自用的固定资产分开，并按经营租赁固定资产的类别提供《企业会计准则第4号——固定资产》要求披露的信息；

（三）资产负债表日后连续五个会计年度每年将收到的未折现租

赁收款额，以及剩余年度将收到的未折现租赁收款额总额。

第五十九条 出租人应当根据理解财务报表的需要，披露有关租赁活动的其他定性和定量信息。此类信息包括：

（一）租赁活动的性质，如对租赁活动基本情况的描述；

（二）对其在租赁资产中保留的权利进行风险管理的情况；

（三）其他相关信息。

第七章 衔接规定

第六十条 对于首次执行日前已存在的合同，企业在首次执行日可以选择不重新评估其是否为租赁或者包含租赁。选择不重新评估的，企业应当在财务报表附注中披露这一事实，并一致应用于前述所有合同。

第六十一条 承租人应当选择下列方法之一对租赁进行衔接会计处理，并一致应用于其作为承租人的所有租赁：

（一）按照《企业会计准则第28号——会计政策、会计估计变更和差错更正》的规定采用追溯调整法处理。

（二）根据首次执行本准则的累积影响数，调整首次执行本准则当年年初留存收益及财务报表其他相关项目金额，不调整可比期间信息。采用该方法时，应当按照下列规定进行衔接处理：

1. 对于首次执行日前的融资租赁，承租人在首次执行日应当按照融资租入资产和应付融资租赁款的原账面价值，分别计量使用权资产和租赁负债。

2. 对于首次执行日前的经营租赁，承租人在首次执行日应当根据剩余租赁付款额按首次执行日承租人增量借款利率折现的现值计量租赁负债，并根据每项租赁选择按照下列两者之一计量使用权资产：

（1）假设自租赁期开始日即采用本准则的账面价值（采用首次执行日的承租人增量借款利率作为折现率）；

（2）与租赁负债相等的金额，并根据预付租金进行必要调整。

3. 在首次执行日，承租人应当按照《企业会计准则第 8 号——资产减值》的规定，对使用权资产进行减值测试并进行相应会计处理。

第六十二条　首次执行日前的经营租赁中，租赁资产属于低价值资产且根据本准则第三十二条的规定选择不确认使用权资产和租赁负债的，承租人无需对该经营租赁按照衔接规定进行调整，应当自首次执行日起按照本准则进行会计处理。

第六十三条　承租人采用本准则第六十一条第（二）项进行衔接会计处理时，对于首次执行日前的经营租赁，可根据每项租赁采用下列一项或多项简化处理：

1. 将于首次执行日后 12 个月内完成的租赁，可作为短期租赁处理。

2. 计量租赁负债时，具有相似特征的租赁可采用同一折现率；使用权资产的计量可不包含初始直接费用。

3. 存在续租选择权或终止租赁选择权的，承租人可根据首次执行日前选择权的实际行使及其他最新情况确定租赁期，无需对首次执行日前各期间是否合理确定行使续租选择权或终止租赁选择权进行估计。

4. 作为使用权资产减值测试的替代，承租人可根据《企业会计准则第 13 号——或有事项》评估包含租赁的合同在首次执行日前是否为亏损合同，并根据首次执行日前计入资产负债表的亏损准备金额调整使用权资产。

5. 首次执行本准则当年年初之前发生租赁变更的，承租人无需按照本准则第二十八条、第二十九条的规定对租赁变更进行追溯调整，而是根据租赁变更的最终安排，按照本准则进行会计处理。

第六十四条 承租人采用本准则第六十三条规定的简化处理方法的，应当在财务报表附注中披露所采用的简化处理方法以及在合理可能的范围内对采用每项简化处理方法的估计影响所作的定性分析。

第六十五条 对于首次执行日前划分为经营租赁且在首次执行日后仍存续的转租赁，转租出租人在首次执行日应当基于原租赁和转租赁的剩余合同期限和条款进行重新评估，并按照本准则的规定进行分类。按照本准则重分类为融资租赁的，应当将其作为一项新的融资租赁进行会计处理。

除前款所述情形外，出租人无需对其作为出租人的租赁按照衔接规定进行调整，而应当自首次执行日起按照本准则进行会计处理。

第六十六条 对于首次执行日前已存在的售后租回交易，企业在首次执行日不重新评估资产转让是否符合《企业会计准则第14号——收入》作为销售进行会计处理的规定。

对于首次执行日前应当作为销售和融资租赁进行会计处理的售后租回交易，卖方（承租人）应当按照与首次执行日存在的其他融资租赁相同的方法对租回进行会计处理，并继续在租赁期内摊销相关递延收益或损失。

对于首次执行日前应当作为销售和经营租赁进行会计处理的售后租回交易，卖方（承租人）应当按照与首次执行日存在的其他经营租赁相同的方法对租回进行会计处理，并根据首次执行日前计入资产负债表的相关递延收益或损失调整使用权资产。

第六十七条 承租人选择按照本准则第六十一条第（二）项规定对租赁进行衔接会计处理的，还应当在首次执行日披露以下信息：

（一）首次执行日计入资产负债表的租赁负债所采用的承租人增量借款利率的加权平均值；

（二）首次执行日前一年度报告期末披露的重大经营租赁的尚未支付的最低租赁付款额按首次执行日承租人增量借款利率折现的现

值，与计入首次执行日资产负债表的租赁负债的差额。

第八章　附　　则

第六十八条　本准则自2019年1月1日起施行。

附录二

《企业会计准则第 21 号——租赁》修订说明

一、修订背景

2006 年 2 月，财政部发布《企业会计准则第 21 号——租赁》（以下简称“租赁准则”），对企业发生的租赁业务的确认、计量和相关信息的列报进行了规范。

在现行租赁准则下，承租人和出租人在租赁开始日，应当根据与资产所有权有关的全部风险和报酬是否转移，将租赁分为融资租赁和经营租赁。对于融资租赁，承租人应当在资产负债表中确认租入资产和相关负债，对于经营租赁，承租人在资产负债表中不确认其取得的资产使用权和租金支付义务。由于经营租赁未纳入承租人的资产负债表，导致其财务报表无法全面反映因租赁交易取得的权利和承担的义务，也为实务中构建交易以符合经营租赁条件创造了动机和机会，降低了财务报表的可比性。

此外，国际会计准则理事会于 2016 年 1 月修订发布了《国际财务报告准则第 16 号——租赁》（以下简称“国际租赁准则”），自 2019 年 1 月 1 日起实施。该准则的核心变化是取消了承租人关于融资租赁与经营租赁的分类，要求承租人对所有租赁（短期租赁和低价值资产租赁除外）确认使用权资产和租赁负债，并分别确认折旧和利息费用。

在此背景下，为进一步规范租赁的确认、计量和相关信息的列报，同时保持我国企业会计准则与国际财务报告准则持续趋同，我们借鉴国际租赁准则，并结合我国实际，起草了《企业会计准则第 21 号——租赁》的修订稿（以下简称“新租赁准则”）。

二、修订过程

在国际租赁准则修订过程中，我们就相应成立了项目组，跟进研究国际租赁准则修订进程和变化，并结合我国实务积极反馈意见和建议。国际租赁准则发布后，我们即启动了我国租赁准则修订项目，先后开展了以下工作：

一是全面研究我国新形势下修订租赁准则的需要和预计修订的主要内容，并组织翻译了《国际财务报告准则第 16 号——租赁》；

二是在充分听取国内部分承租人、出租人、会计师事务所以及学术界代表意见的基础上，结合我国实际起草了修订初稿，并就修订初稿采取多种方式内部征求意见和开展研讨；

三是在汇总整理和深入分析各方面意见的基础上，形成征求意见稿，于 2018 年 1 月印发《企业会计准则第 21 号——租赁（修订）（征求意见稿）》，公开征求意见；

四是采取与准则咨询专家、相关企业和专业机构深入探讨、与有关监管部门进行座谈沟通、实地调研、选取部分企业模拟测试等方式，对反馈意见进行了认真研究吸收，对征求意见稿作了进一步修改完善，形成修订稿。

三、征求意见情况

征求意见稿印发后，我们收到来自国务院有关部委、财政部驻地方财政监察专员办事处、地方财政部门、行业协会、相关企业、会计师事务所、个人的反馈意见70余份，共提出具体意见400余条。总体上，大多数反馈意见认为租赁准则修订内容符合我国《企业会计准则》国际趋同要求，也有助于承租人全面反映租赁资产负债，避免构造交易，具有积极意义和重要作用，同时希望尽快配套制定准则应用指南，提供信息披露范例，为实务操作提供更多指引。少部分反馈意见对新准则实施成本和影响表示担忧，因为新准则下承租人会计处理更为复杂，且会引起基于资产负债表计算的部分关键财务指标发生变动。

此外，较多反馈意见提出鉴于准则变动较大，希望结合中国国情就新准则实施留出足够的过渡期。

四、修订的主要内容

本次修订的主要内容如下：

（一）完善了租赁的定义，增加了租赁识别、分拆、合并等内容

新准则将租赁定义为“在一定期间内，出租人将资产的使用权让与承租人以获取对价的合同”，并进一步说明如果合同中一方让渡了在一定期间内控制一项或多项已识别资产使用的权利以换取对价，则该合同为租赁或者包含租赁。同时，新准则还对包含租赁和非租赁成分的合同如何分拆，以及何种情形下应将多份合同合并为一项租赁合同进行会计处理作了规定。

（二）取消承租人经营租赁和融资租赁的分类，要求对所有租赁（短期租赁和低价值资产租赁除外）确认使用权资产和租赁负债

新准则下，承租人不再将租赁区分为经营租赁或融资租赁，而

是采用统一的会计处理模型，对短期租赁和低价值资产租赁以外的所有其他租赁均确认使用权资产和租赁负债，并分别计提折旧和利息费用。

短期租赁，是指在租赁期开始日，租赁期不超过12个月的租赁。低价值资产租赁，是指单项租赁资产为全新资产时价值较低的租赁。承租人对于短期租赁和低价值资产租赁可以选择不确认使用权资产和租赁负债，而是采用与现经营租赁相似的方式进行会计处理。

（三）改进承租人后续计量，增加选择权重估和租赁变更情形下的会计处理

现准则未对租赁期开始日后选择权重估或合同变更等情形下的会计处理作出明确规范，导致实务中多有争议且会计处理不统一。新准则明确规定发生承租人可控范围内的重大事件或变化，且影响承租人是否合理确定将行使相应选择权的，承租人应当对其是否合理确定将行使续租选择权、购买选择权或不行使终止租赁选择权进行重新评估。租赁变更，是指原合同条款之外的租赁范围、租赁对价、租赁期限的变更。企业应视其变更情况将其作为一项单独租赁进行会计处理或重新计量租赁负债。

（四）丰富出租人披露内容，为报表使用者提供更多有用信息

关于出租人发生的经营租赁，现准则仅要求出租人披露各类租出资产的账面价值。新准则要求出租人增加披露相关租赁收入及未折现租赁收款额等信息。此外，出租人还应当根据理解财务报表的需要，披露有关租赁活动的其他定性和定量信息。

五、准则实施影响的分析

为有效评估新租赁准则对实务界的影响，我们多次听取相关方面意见，并实地走访了多家单位。目前来看，新租赁准则未来实施的主要影响是个别行业由于大量运用经营租赁，新租赁准则使用可能导致资产负债率有所提升。新准则下经营租赁作为表外融资优势将不复存在，原采用经营租赁方式取得的资产及支付义务需在资产负债表中列示，资产、负债同时增加，引起企业资产负债率上升，对经营租赁资产规模较大的行业有一定影响。经营租赁资产和负债的入表，相应也会导致根据资产负债表计算的其他关键指标的变动，包括资产周转率、流动比率等。

需要说明的是，企业源于经营租赁的债务无论是否入表均真实存在。新租赁准则将其予以揭示，有助于报表使用者掌握企业真实的杠杆率，做好金融风险的评估和防控。同时，也有利于倒逼企业加强债务和风险管理。就此问题，我们与相关企业以及有关监管部门进行了多次沟通。相关企业与有关监管部门均认为，尽管新租赁准则的执行并非导致资产负债率上升的原因，而是新准则执行更为真实地反映企业的资产负债率，且该问题并非我国特有，但为避免相关方面产生由于准则执行导致资产负债率上升的误解，建议给除境内外同时上市企业之外的其他企业留出较为充足的准备时间，以便于相关企业调整业务模式，提前做好资产负债管理。对于境内外同时上市的企业，建议自2019年1月1日起与国际租赁准则同步实施，以保证相关企业在境内外资本市场披露信息的可比性。

此外，虽然出租人会计处理没有大的变化，但经营租赁资产的入表会导致承租人重新衡量“买”或“租”的决策，对租赁企业业务带来一定影响。同时，新准则规定售后租回业务中，资产转让不属于销售的应当按融资而非租赁进行会计处理（更符合经济实质，减少“通道”业务），对融资租赁企业的售后租回业务有一定影响。为此，有关监管部门希望对新准则实施给出充足过渡期，以助相关企业调整业务结构。

六、需要说明的问题

（一）关于承租人转租建筑物类使用权资产

考虑到我国房地产市场的实际情况，为避免公允价值滥用和误导信息使用者，承租人转租建筑物类使用权资产按照本准则使用权资产的有关规定进行会计处理。

（二）关于以出让、划拨或转让方式取得的土地使用权

考虑到我国城市土地国有等实际情况，以出让、划拨或转让方式取得的土地使用权继续适用《企业会计准则第 6 号——无形资产》，不确认为使用权资产。

（三）关于承租人增量借款利率

现准则下，承租人在计算最低租赁付款额的现值时，无法取得出租人的租赁内含利率且租赁合同没有规定利率的，应当采用同期银行贷款利率作为折现率。新准则参考国际租赁准则，规定在计算租赁付款额的现值时，承租人无法确定租赁内含利率的，应当采用承租人增量借款利率作为折现率。承租人增量借款利率，是指承租人在类似经济环境下为获得与使用权资产价值接近的资产，在类似期间以类似抵押条件借入资金须支付的利率。我们认为，随着我国金融市场发展，目前引入承租人增量借款利率的环境已经成熟，该

利率能够体现承租人自身信用风险等特征对折现率的影响，更加符合企业实际。

（四）关于准则的实施范围和时间安排

国际租赁准则自2019年1月1日起实施。为稳妥推进准则实施，经专题研究，兼顾我国市场环境和企业实际情况，采取分步实施策略。即：在境内外同时上市的企业以及在境外上市并按《国际财务报告准则》或《企业会计准则》编制财务报表的企业自2019年1月1日起实施；其他执行企业会计准则的企业自2021年1月1日起实施，其中母公司或子公司在境外上市且按照《国际财务报告准则》或《企业会计准则》编制其境外财务报表的企业可以提前实施。这样既满足了首批企业与国际同步执行的实际需求，避免出现境内外报表适用准则差异，也为其他企业顺利过渡至新租赁准则留有更多准备时间，减轻部分企业面临的资产债务约束压力，确保准则实施效果。

（五）关于准则实施的衔接规定

鉴于租赁准则新旧变动较大，为帮助相关企业顺利过渡至新租赁准则，新准则提供两种方法：一是允许企业采用追溯调整，二是根据首次执行本准则的累积影响数，调整首次执行本准则当年年初留存收益及财务报表其他相关项目金额，不调整可比期间信息。同时，在第二种方法下提供了多项简化处理安排。